NATIONAL
GEOGRAPHIC

NATIONAL GEOGRAPHIC

美国国家地理全球史

启蒙运动

The Enlightenment

美国国家地理学会 编著　　陈凌娟 译

中国出版集团　现代出版社

目　录

插图（第2页）　《伏尔泰自画像》尼古拉斯·德·拉吉利埃（Nicolas de Largillière）所画，现藏于日内瓦的伏尔泰博物馆（Institut et Musée Voltaire, Genève）。

插图（第4—5页）　圣彼得堡涅瓦河畔的冬宫（Le palais d'Hiver sur les berges de la Neva, à Saint-Pétersbourg）。

插图（左图）　位于维也纳的奥地利国家图书馆（la Bibliothèque nationale d'Autriche, à Vienne）的椭圆形大厅，由伟大的巴洛克建筑师约翰·伯恩哈德·费舍·冯·埃尔拉赫（Johann Bernhard Fischer von Erlach）设计建造。

概述

18世纪孕育了现代社会，坚守了现代理念。启蒙时代处于新旧制度的过渡期，它见证了现代社会几个最具有标志性制度的诞生。正是在这个时期产生了许多新兴理念，如自然权利、新闻业、结社自由、报道自由和宗教自由，禁止酷刑和废除奴隶制。撇开国家和民族差异，这个世纪最核心的观念是理性高于感性，知识战胜迷信。人类摆脱了以往的偏见，成为理性和感官的支配者，从此便可以揭开自然的神秘面纱，致力于全人类的利益。在政治层面，纷繁复杂的国际关系促生了现代外交，人们追求和平却始终无法摆脱诉诸武力的威胁。在军事领域，战争逐渐蔓延至整个欧洲，而之前的冲突仅限于个别贵族领地。随着贸易和社会批评的发展，科学、文学和艺术团体在城市里繁荣起来，人口的迅速增长使得城市新兴资产阶级飞速发展。新式理念层出不穷，如公共言论、避世文学、人文主义、卫生措施、隐私权、妇女、儿童甚至动物的权利，所有这些概念都来自一个明确界定的社会空间，直至世纪末“人权宣言”将这些观念推至顶峰，这是启蒙时代伟大的集体胜利之一。当今社会的一些基本要素也源自18世纪。诸如服饰统一、时间管理、官僚政治，以及国际食品制度等方面在不同程度上影响了欧洲大城市的居民，并且推广至美洲、非洲殖民地和遥远的亚洲。科学技术的进步，加之经济发展和政治的优越性，共同促生了一个具有强烈反差的世界，黑暗与光明共存于此，这便是个体和集体巨大矛盾的根源。在此历史时期，新人文主义与奴隶贸易同存，封建制度的最后残余决意捍卫其特权，从而展开了与开明专制之间的斗争。

插图（第8—9页） 《闩》（*Le verrou*，约1776—1779年），由让·奥诺雷·弗拉戈纳尔（Jean-Honoré Fragonard）创作，保存在巴黎卢浮宫博物馆（le musée du Louvre, à Paris）。

插图（左图） 《罗斯·卡布里琼斯：理性的沉睡让怪物诞生》，弗朗西斯科·德·戈雅的“随想曲”系列版画之一，第43版，创作于1799年，现存于萨拉戈萨版画博物馆（musée de la Gravure, Saragosse）。

洛可可式建筑

位于波茨坦附近的无忧城堡（Le château de Sans-Souci），是普鲁士国王弗里德里希二世的夏日行宫。

插图（右侧） 路易十五的彩绘折扇，现藏于马德里国立装饰艺术博物馆（musée national des Arts décoratifs, Madrid）。

各国政治

18世纪，国家集权制使得战争形式和军费筹集都发生了巨大变化。欧洲各国的王位继承战威胁到了列强间的制衡，而争夺贸易线路或商业利益致使冲突频频，从而促生了各国结盟，以及现代外交的发展。

启蒙时期的欧洲政治有两大基调：一方面，持续的战争和武装冲突；另一方面，各势力之间频繁变动的结盟游戏。

18世纪，欧洲战争肆虐，如西班牙、奥地利和波兰的王位继承战争，大北方战争（或称征服战争），而后者仅是七年战争的一个缩影，所有这些其实只是这个时期联盟体系以及世界历史扩张趋势下的几场冲突。无休止的战争耗费巨大，尤其是俄国，彼得一世（Pierre Ier）在位的43年间，只有一年没有战事。沙皇时期的俄国就如同路易十四（Louis XIV）统治下的法国，将近三分之二的国家收入都用于军事开支。

只有350万人口的普鲁士却拥有一支8万人的军队。1750年，伏尔泰（Voltaire）拜访弗里德里希二世（Frédéric Ⅱ），他很快意识到，尽管这位普鲁士君主有着对音乐的品位和对哲学的热情，却把他的国家变成了一个巨大的兵营：普鲁士社会各阶层对军国主义的推崇助长了超额征兵。

18世纪爆发的多场武装冲突构成了政治事件的叙述主线：从西班牙王位继承战争至1792年沙皇俄国侵略波兰，战争和暴乱贯穿了整个世纪。殖民地也未能免于战火，如美国独立战争，但此前战争的主战场一直集中在欧洲大陆。通常是欧洲率先爆发冲突，随即迅速蔓延至海外殖民地。

1648年《威斯特伐利亚和约》（*les traités de Westphalie*）终结了17世纪欧洲规模最大的冲突，即三十年战争（la guerre de Trente Ans），但和约既没能创建一个统一的君主国家，也没能维系长久的和平。王朝间的冲突，贸易利益的争夺，以及在欧洲大陆扩张的野心，再加之16世纪宗教战争的遗留问题，这些都加剧了欧洲的动荡局势。在这种趋势下，许多国家被战争裹挟而结成了脆弱的联盟，而这些同盟国中既有天主教国家，也有新教国家。

启蒙时期的一个重要特点便是中央集权制，它积极推动了各国的军事发展。事实上，只有一个高度集权的国家才能聚集足够的人力和财力，对他国造成威胁或者捍卫本国的领土。普鲁士军官卡尔·冯·克劳塞维茨（Carl von Clausewitz）有句名言："战争无非是政治通过另一种手段的继续"，这句话强调了当时军事冲突固有的二元性。对于君主而言，这其实是同时确立两个不同的目标：一方面，在国际关系中寻求平衡；另一方面，在国内巩固其政权。在诉诸武力的威胁下，国际新秩序的建立必须达成两个目标，即国与国之间和平共处，以及权力的制衡。

西班牙王位继承战争

西班牙王位继承战争是18世纪的第一场大战，王朝争斗夹杂着贸易利益和企图只凭借一国之力统一欧洲的奢望。

查理二世的王位继承：波旁王朝和哈布斯堡王朝之争

1700 年 11 月 1 日，最后一位来自哈布斯堡家族的西班牙国王，查理二世在马德里逝世。由于查理二世没有子嗣，他的去世引发了两位王位觊觎者之间的争夺战，即安茹的菲利普公爵和奥地利的查理大公，两人都是西班牙公主的孙辈。

波旁家族 安茹的菲利普公爵和波旁王朝的拥护者

哈布斯堡家族 奥地利的查理大公拥护者

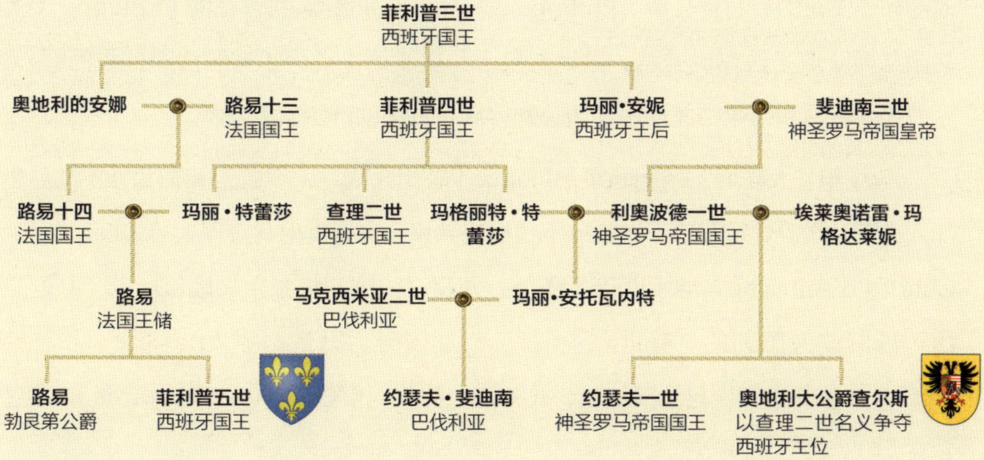

西班牙查理二世（Charles Ⅱ）统治期间，由于国王的健康问题，王位争夺战的凶兆日益显现：尽管国力衰退，西班牙在欧洲和美洲仍拥有辽阔的领土，1700 年 11 月 1 日查理二世逝世，没有留下子嗣，这给整个欧洲和其所在的联盟体系内部造成了巨大影响。

除了美洲的总督辖区和加勒比海地区（Caraïbes）的殖民地，西班牙的领地还包括西属尼德兰（les Pays-bas méridionaux）、米兰公国（le duché

菲利普五世

西班牙波旁王朝第一任国王菲利普五世半身像，莱昂纳多·卡普斯（Leonardo Capuz）所作，现藏于瓦伦西亚美术博物馆（musée des Beaux-Arts, Valence）。

de Milan）、那不勒斯王国（Naples）、西西里岛（Sicile）和撒丁岛（Sardaigne）。由于法国国王、奥地利皇帝与西班牙公主都有亲族关系，所以他们都可以合法地要求继承这个幅员辽阔的帝国：利奥波德一世（Léopold Ier）是西班牙国王的表弟，他还迎娶了国王的妹妹；路易十四是菲利普三世（Philippe Ⅲ）的孙子，他娶了奥地利女大公玛丽·特雷莎（Marie-Thérèse），而玛丽·特雷莎是菲利普四世（Philippe Ⅳ）的长女，查理二世同父异母的姐姐。

1700年，按照查理二世的第二份遗嘱，路易十四如愿以偿，西班牙王位传给了他的孙子安茹的菲利普公爵（Philippe d'Anjou），史称菲利普五世（Philippe Ⅴ），法国从而获取了西属尼德兰。奥地利皇帝利奥波德一世为了遏制法国扩张的野心，立即连同英国和荷兰结成反法同盟，并得到了许多欧洲国家的支持。

1701年“大同盟”（Grande-Alliance）在海牙成立，普鲁士和葡萄牙不久后也加入进来，联盟对菲利普五世的继承权提出异议，支持奥地利查理大公（l'archiduc Charles d'Autriche）继承西班牙王位，并反对法国的扩张主义政策，以“共同自由”抵制波旁王朝的“普世君主制”。与此同时，巴伐利亚（Bavière）和科隆（Cologne）的选帝侯与法国结盟，此外还包括萨伏依公国（les Savoyards），不过它在1703年改变了阵营。

冲突也波及公众舆论界。双方阵营的知识分子互不相让：1711年，爱尔兰讽刺作家乔纳森·斯威夫特（Jonathan Swift）发表了小册子《同盟国和前任内阁在发动和进行这次战争的行为》（*La Conduite des alliés*）；1703年，伏尔泰发表了颂歌《关于时间的不幸》（*Sur les malheurs du temps*）；而在奥地利，哲学家兼数学家戈特弗里德·威廉·莱布尼兹发表了《不可宽恕的乌德勒支和平》（*La Paix d'Utrecht inexcusable*），揭露了法国的扩张主义，以及专制的普世君主制概念。西班牙国内，舆论也分化为两派：卡斯提尔王室（Castille）支持法国，而阿拉贡王室（Aragon）则支持查理大公。

冲突最终升级为查理大公和安茹的菲利普公爵的拥护者之间的战争，战场蔓延至西班牙在欧洲和美洲的领土，尤其是意大利北部、莱茵河（Rhin）和荷兰。尽管

法国国王获得了最初几场战役的胜利，但反法联盟在1702年至1709年几次击败法军，甚至有几场战役重创了法军，如布伦海姆之战（Blenheim，1704年）和拉米伊战役（Ramilles，1706年）。从军事角度来看，萨伏依的欧根亲王（le duc Eugène de Savoie）（他曾经在森塔战役中大败土耳其人）和马尔巴罗公爵（le duc de Marlborough），这两位伟大的统帅在其中起到了决定性作用，正是

阿尔曼萨战役（La Bataille d'Almansa）

在这场战役中，安茹的菲利普公爵（未来的菲利普五世）打败了奥地利查理大公，导致西班牙的瓦伦西亚被波旁军队占领。

插图 博纳维图拉·里戈利（Buona-ventura Ligli）创作的油画，《1707年4月25日对抗葡萄牙、英国和尼德兰的阿尔曼萨战役》（*Batalla que se dio en los campos de Almansa por les armas de las dos coronas, contra las de los portugueses, ingleses y holandeses el día abril de 1707*），这幅画作细致地表现了这场战役。现存于马德里的外交部（Ministère des affaires étrangères, Madrid）。

西班牙王权更替时间表

1700年

一个王朝的结束 11月1日，因查理二世逝世，且无继承者，这意味着哈布斯堡王朝在西班牙统治的结束。

1701年2月末

菲利普五世在马德里 2月底，菲利普五世抵达马德里。9月，另一个同盟发动战争反对他。

1707年

阿尔曼萨战役 4月25日，法军取得了此次战役的胜利，这次胜利也为法国打开了进攻西班牙地中海海岸的缺口。

1711年

帝国王权 由于约瑟夫一世逝世后无子嗣，其弟查理大公继承了神圣罗马帝国的王位。

1713年

《乌德勒支和约》 各交战国签署和约，但直到1725年查理大公才放弃王位继承权。

1714年

冲突继续 1714年9月11日，菲利普五世占领巴塞罗纳。1715年6月，西班牙攻占马略卡岛，由此终结了此次战争。

继承之战的多个战区

由于多方势力对峙以及战役所在地理位置特殊性，尽管波旁王朝和哈布斯堡王朝之间战争爆发的最初目的是解决西班牙王权继承的问题，但是这场战争还是迅速地蔓延到了整个欧洲。

西班牙王位之争使得王国陷入内战，并且使整个欧洲变成了一个巨大的战场。这次战争的蔓延从两方面来说是不能避免的。首先，是因为西班牙拥有最多的殖民地和财富，比如西属尼德兰和意大利的大部分。其次，由于支持两方的王室力量以及这两个国家所属的国际同盟。攻打第二大同盟成员（其中有神圣罗马帝国、英国和荷兰共和国）的战役爆发在法国边境，随后同样蔓延到了意大利北部（也称卡尔皮战役，Bataille de Carpi，1701年7月9日法国取得了这次战役的胜利），在阿尔萨斯、洛林、那不勒斯以及巴伐利亚战区，法国人在巴伐利亚遭受了最惨痛的一次失败（1704年的布伦海姆战役，Blenheim）。

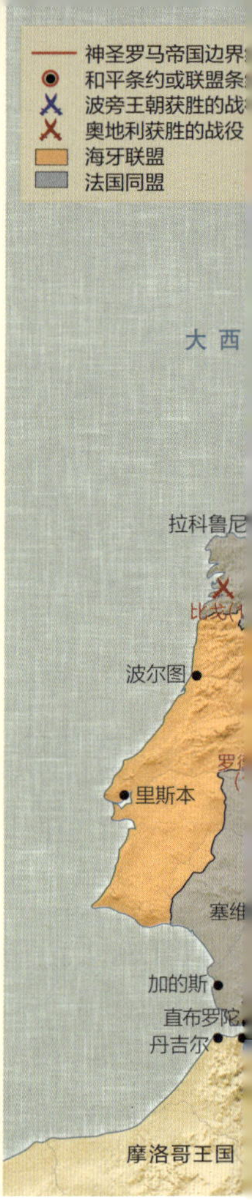

在他们的统率下击退了太阳王的军队。此外，英国海军于1704年占领了直布罗陀（Gibraltar），1708年攻占梅诺卡岛（Minorque）。

这场战争的终结并非因为一场军事胜利，而是因为同盟国的一场意外事件使战局发生了戏剧性的变化。1711年奥地利皇帝约瑟夫一世（Joseph Ier）逝世，由其弟查理大公即位，称查理六世（Charles Ⅵ），这场突变在联盟阵营内引起了恐慌，各国担心哈布斯堡王朝（Habsbourg）将会独揽大权。随着托利党（des tories）成为执政党，英国不再支持奥

地利，而着手与法国展开和平谈判，以至于胜利的天平偏向了菲利普五世。

尽管路易十四扶持孙子登上了西班牙王位，但是他才是这场王位继承战争真正的失败者。1715 年路易十四去世，继而终结了这场血腥的战争，100 多万人失去了生命，单单法国就调动了 90 万士兵投入这场惨烈的战斗中。

《乌德勒支和约》（*le traité d'Utrecht*，1713 年）和《拉施塔特和约》（*le traité de Rastatt*，1714 年）标志法国霸权的结束。西班牙在欧洲的大部分领地割

从王位觊觎者到成为皇帝

这枚金币上面印着的是奥地利查理大公，他曾经觊觎西班牙王位，后成为神圣罗马帝国皇帝，称查理六世，巴塞罗那加泰罗尼亚国家艺术博物馆藏（musée national d'Art de Catalogne, Barcelone）。

让给奥地利，包括西属尼德兰、卢森堡、米兰公国、那不勒斯王国、撒丁岛，而奥地利皇帝承认菲利普五世合法继承王位，他之前已事先宣布放弃法国王位的继承权。欧洲范围内，勃兰登堡（Brandebourg）选帝侯继位普鲁士国王，西班牙授封萨伏依公爵西西里国王，汉诺威（Hanovre）选帝侯入主英国，至此各国间的政治、军事、力量关系在战后的几十年间重新洗牌。

这场大规模的国际战争还产生了其他的重要影响。首先，结盟使得此后各国可以介入旁系斗争，如由英格兰支持的匈牙利独立战和法国的卡米扎尔起义（la révolte des camisards）。除了占领了直布罗陀和梅诺卡岛之外，刚建立不久的英国收获了巨大的贸易利益——贩奴权和航行权，这使得英国拥有黑奴贸易的垄断权，以及每年可以派遣一艘500吨船舶驶往西属印度群岛。这两项特权终结了西班牙在美洲大陆的贸易垄断，在整个18世纪引发了新的冲突。

路易十五统治时期

路易十五（Louis XV）是路易十四的曾孙，他5岁时继承了法国的王位。年幼的君主自小长在凡尔赛宫，那是一个极尽奢华的宫廷，象征路易十四至高无上的王权。尽管“朕即国家”（L'État, c'est moi）这句名言未必真的出自他之口，但是太阳王的执政理念充分诠释了一种个人的权力观念，即任何权力都应臣服于君主专制。雅克-贝尼涅·博叙埃（Jacques Bénigne Bossuet）在其关于君主政治及其与圣经关系的著作《从圣经抽取的政治学》（*La Politique triée de l'Écriture sainte*，1709年）中写道：“君权是绝对的。”路易十四坚信其权力是神授的，因此宏伟的凡尔赛宫在装饰细节方面着力展现国王的这种个人英雄主义情结，而作为国王象征的太阳则出现在许多装饰品上。

除了英国由于内战和17世纪的光荣革命限制了君权，18世纪大部分欧洲王国，包括意大利的小公国，都参照路易十四的统治策略，即君主将个人意志等同于国家意志。

然而，君主制也是专制暴政的代名词。路易十四去世后，整个欧洲开始形成这

年轻的路易十五，以及奥尔良的菲利普公爵摄政时期发生的变化

路易十四在位长达 72 年，他逝世后，王位由刚满 5 岁的曾孙路易十五继承。在路易十五未成年前，由奥尔良的菲利普公爵摄政，其间他着手重组王国的政治和经济。

为了获得摄政权，菲利普公爵取得了议会的支持，议会撤销了太阳王将王位传承给其私生子的遗嘱，即路易·奥古斯特·德·波旁（Louis Auguste de Bourbon）。摄政王因此手握重权，他首先对行政机构权进行了大刀阔斧的改革，最具有代表性的措施就是把宫廷从凡尔赛迁回巴黎。他建立了一个多元会议制政府，代替之前由贵族组成的议会，并致力于解决王国岌岌可危的财政问题，但最终没能解决危机。1723年，因放荡不羁而著称的奥尔良的菲利普公爵在路易十五加冕一年后逝世。

插图 亚历克西斯·西蒙·贝尔（Alexis Simon Belle）所绘的路易十五肖像，凡尔赛宫国家博物馆藏（musée national de Château, Versailles）。

样一种观念：君权，无论其合法与否，都必须屈从理性，国王应该在言行中体现出节制，并对臣民表现出某种家长式作风。路易十五统治下的法国承袭了这种观念，即限定王权的范围，至此王权不再被认为是一种神权。

由此引起了对于这种间接权力的探讨。君主其实和臣民之间没有直接的关联。征收赋税或整顿吏治是君主治理国家的主要手段，但这种让人臣服的权力无法超越语言范畴，也必然受限于地理空间和施政技巧。在大部分情况下，国王想要颁布政策就不得不和地方政权进行协商，比如高等法院和地区议会。

然而，18 世纪末，欧洲大陆大部分的君主国家都推行了政府治理体系，以此限制或废除之前封建体制遗留下的督办官的权力。在许多情况下，这些公职由具有一定地位的官员任职，他们既不是世袭贵族也不是地方贵族。唯一的例外是英国，它给予督办官更多的权力，以此限制绝对君权。

路易十五登上法国王位后，一改路易十四武断且专制的行事作风，颇得民心。1715 年至 1723 年，奥尔良的菲利普公爵（Philippe d'Orléan）摄政，他公开反对太阳王的专制政策。他将宫廷从凡尔赛迁至巴黎，扩大议会的职能，批判专制主义，这些举措无论从内容上还是形式上都充分体现了奥尔良的菲利普公爵的执政理念，传递出复兴的希望。

在行政方面，议政会曾是路易十四专制主义的基石，摄政期间被 7 个行政法院代替（战争、财政、海事、对外事务、内政、贸易和宗教），行政法院受到摄政议会监管。在巴黎议会和外省朝臣的支持下，奥尔良的菲利普公爵着手重组国家权力体系，然而不久之后重组事宜便被迫停止。

政治和经济方面，18 世纪的法国不得不面对三大困难。首先是债务问题，这主要是之前巨大的军费开支造成的。尽管法国是欧洲最富裕的国家之一，但是行政开支只能依靠不停地贷款，并通过设立新的赋税来兑现国家欠下的债务。这种经济政策加剧了王权与社会其他势力之间的矛盾，尤其是与巴黎高等法院。其次，宗教问题。1713 年，一部分大法官和法国教士反对教皇克雷芒十一世（le pape

Clément XI）颁布的《克雷芒通谕》（*la bulle Unigenitus*），这项通谕旨在遏制法国的冉森教（janséniste）。这个事件埋下了法国宗教冲突的隐患。最后，便是战争。多次参战使法国不得不投入更多的人力和财力，从而进一步加剧了经济危机和社会紧张的局势。

奥尔良的菲利普公爵摄政期间，采纳苏格兰金融家约翰·劳（John Law）的建议，创立了一个新经济体系，暂时解决了旧制度遗留下来的一些经济问题。约翰·劳出身爱丁堡

路易十五，年幼的国王

1722年12月25日，幼年时起便对官方礼仪习以为常的路易十五12岁便在兰斯大教堂加冕。

插图 皮埃尔·丹尼斯·马丁（Pierre-Denis Martin）的油画《走出高等法院，1715年9月12日》（*Sortie du lit de justice, le 12 septembre 1715*），巴黎卡纳瓦雷博物馆藏（musée Carnavalet, Paris）。在旧制度时期，“司法宝座”是指巴黎高等法院的特别会议，会议期间，国王在圣礼拜堂做完弥撒后，端坐在一张配有华盖并用靠垫装饰的宝座上主持会议，这是路易十五流传下来的传统。

印度公司

法属东印度公司债券市值的上涨在1720年法国经济大崩溃中扮演了重要的角色。上图的版画（约1750年）描绘了公司的仓库，海军部和本地治里（Pondichéry, Inde）执政官的府邸，本地治里是法国在亚洲的贸易中心，洛里昂印度公司博物馆藏（musée de la Compagnie des Indes, Lorient）。

银行世家，因为在决斗中杀了人，从伦敦逃到了巴黎，他建议法国政府创立国家银行，国家银行可以通过卖股票将殖民地贸易资本化。法国政府对这个建议很感兴趣，于是筹建了银行，并特许它间接征税和引入纸币的双重特权。

银行发行的股票由国家担保，用于资助贸易垄断公司，于是股票的市值一路飙升，很快便成了投机买卖，造成了金融泡沫。1720年末金融泡沫破灭，导致许多投机者和小投资者破产。这个结局不仅使约翰·劳失宠，更糟糕的是令整个银行业信誉扫地。

在此背景下，1723年路易十五成年，开始亲政，整个法国都对他寄予厚望。他最初被称为“宠儿路易”（le Bien-Aimé），但从17世纪40年代开始就不受欢迎了。当时，国王没能及时应对1724年和1725年爆发的农业危机，以及通货紧缩政策造成的后果。1725年，国家颁布新税收制度，即“五十分之一税”（le cinquantième），对农业收入和产出征税，这使得国王和内阁大失人心。1726年波旁公爵（le duc de Bourbon）被免职，一部分原因是由于他在约翰·劳提议的金融体系中大肆敛财，此外还由于他过度关切法国国王的婚姻和未来的王位继承人。

1726年，路易十五的老师，红衣主教弗勒里（Fleury）开始主理内阁，他逐渐缓和了宫廷的紧张局势，然而由于其前任遗留下来的财政和经济问题，国家再次陷入困境。取缔“五十分之一税”导致了国家破产，而法国的对外政策，以及卷入奥地利和波兰的王位继承战，进一步加剧了国内的紧张局势。在如此特殊的背景下，红衣主教弗勒里除了加重赋税别无选择，这次加税对象甚至包括之前可以免税的社会阶层，他还恢复了路易十四时期设立的贡税——“十分之一税”（le dixième）。令人意想不到的是，流动资金短缺伴随着经济持续增长，使城市和商业小资产阶级得以巩固。

1743年红衣主教弗勒里去世，路易十五不得不亲自主理国事，然而国王遇事不决，政策朝令夕改。终日沉湎于情妇蓬帕杜夫人（Pombadour）的石榴裙下，相较于国事，路易十五似乎对宫闱之事更感兴趣。1748年国王签署了《亚琛和约》（*le traité d'Aix-la-Chapelle*），结束了奥地利王位继承战争，留下了一笔高达12亿镑的债务，再一次导致法国在1749年设立了新的赋税“二十分之一税”（le vingtième）。

设立适用于所有收入的贡税，在巴黎引起了严重的骚乱，高等法院和教会也提出了抗议。尽管国王最终减免了教会的赋税，但是教会阶层的抗议造成了反教权的局面，同时这一事件又促进了哲学思潮的初现。1748年，孟德斯鸠男爵发表了《论法的精神》（*De l'esprit des lois*），书中首次提出了分权的概念。1751年狄德罗和

论法的精神，从专制到共和

夏尔·德·塞孔达·孟德斯鸠男爵（Charles de Secondat, baron de Montesquieu）出身贵族世家，1721 年发表了一部讽刺作品，书中表达了对路易十四专制的憎恶。几年之后，他同样也抨击了路易十五滥用专制权力。

1748年，《论法的精神》在欧洲引起巨大的反响。而它的作者孟德斯鸠早在1721年便以《波斯人信札》崭露头角，这部作品描述了一位波斯人漫游法国的故事，由此揭露了法国社会的弊端。与《波斯人信札》体现的讽刺特质不同，《论法的精神》是基于作者为了研究不同政体而游历整个欧洲的经历。他总结了三种政体：共和政体是基于公民的道德，国家的最高权力属于全体国民；专制政体是一个人的政府，统治者不顾一切规则和法律，以个人意志治理国家；君主政体介于两者之间，意味着由国王统治国家，但是遵循分权的原则。

插图　孟德斯鸠肖像画，作者未署名，1728年，凡尔赛宫国家博物馆藏（musée national du Château, Versailles）。

达朗贝尔出版了《百科全书》(*Encyclopédie*)的第一卷。

1756年七年战争爆发，让已经脆弱不堪的法国财政雪上加霜，而国王和巴黎高等法院之间的矛盾也进一步加剧。高等法院赞同孟德斯鸠在《论法的精神》里所倡导的，认为只有建立政府机关，限制君主权力，才能让整个王国摆脱危机。而路易十五的回应却是要限制法官的权力，他的这番言行更加深了其专制的形象。

1757年1月5日，法国国内民愤日益高涨，退伍士兵罗贝尔-弗朗索瓦·达米安(Robert-François Damiens)企图暗杀国王，结果被处以极刑。当时的作家贾科莫·卡萨诺瓦(Giacomo Casanova)目睹了整个行刑过程，这场行刑是为了彰显国王的权力，并给哲学家、耶稣会和冉森教一个警告，国王认为他们就是这场刺杀的同谋。1774年，路易十五去世，王位传给了孙子路易十六(Louis XVI)，新国王十分年轻，性格优柔寡断，娶了奥地利公主玛丽·安托瓦内特(Marie-Antoinette)。

奥地利王位继承战争

1714年，诸多欧洲列强介入的西班牙王位继承战结束，欧洲迎来了短暂的和平。从某种程度而言，这场战争是为了“制衡各国势力”，防止产生欧洲霸权，这种想法源自《威斯特伐利亚和约》，而1713年和1714年签署的《乌德勒支和约》和《拉施塔特和约》则开启了大西洋贸易控制权的争夺战。

1739年，英国和西班牙再一次因为殖民地的商品贸易权发生冲突。当西班牙人将其奴隶贸易垄断权，即对各航线利润丰厚的权利，出让给英国王室时，抗议说，他的贸易路线被英国奸商和海盗掠夺。某个晴天，一艘西班牙军舰的船长在例行检查一艘英国船只时，命人割去了英国船长的耳朵，而这种处罚是专门针对小偷和海盗的。英方获知消息后，随即向西班牙宣战，这次冲突也被称为“詹金斯的耳朵战争”(la guerre de l’oreille de Jenkins)。英国舰队随即攻占美洲的几个西属港口，包括今巴拿马(Panama)的哈瓦那(La Havane)和波托韦洛(Porto Belo)。卡塔赫纳之战(la bataille de Carthagène)堪称其中最惨烈的一战，英国舰队的猛攻

乔治一世（George Ⅰ^er^）

乔治一世是大不列颠和爱尔兰王国的第一位国王，他出身汉诺威家族（la maison de Hanovre）。乔治一世不擅长英语，他习惯用德语，臣民们便因此而嘲笑国王。乔治一世在位期间，执政的实权掌控在首相之手，即罗伯特·沃波尔（Robert Walpole）。

插图 1714 年戈弗雷·内勒（Godfrey Kneller）为乔治一世所作的肖像画，伦敦的格林威治国家海事博物馆藏（National Maritime Museum, Greenwich, Londre）。

遭到西班牙人的顽强抵抗，结果英军损失惨重。

这场和西班牙的冲突拉开了 18 世纪末英国殖民地争夺战的序幕。“詹金斯的耳朵战争”（1739—1748 年）表明了，在欧洲大陆爆发的各国冲突肯定会影响参战国的贸易诉求，尤其是海外殖民地。反之亦然，发生在大西洋另一端的战争冲突会导致欧洲大陆联盟体系的权力失衡。从签署《乌德勒支和约》到 1775 年法国支持美洲殖民地独立战，英法之间的竞争日益激烈，双方为争夺北美控制权而爆发的冲突便是证明。

《乌德勒支和约》签署后，汉诺威（Hanovre）

丰特努瓦战役（Fontenoy）：决定性的一战

1745 年 5 月 11 日，在丰特努瓦战役中，法军战胜了英国、奥地利和荷兰联军，这是一场决定性的战役，它使得奥地利王位继承战中的各方势力回归均势。

插图 皮埃尔·郎方（Pierre Lenfant）的画作《丰特努瓦战役》（*La Bataille de Fontenoy*），凡尔赛宫国家博物馆藏。画中前排骑马的两位是路易十五和莫里斯·德·萨克斯（Maurice de Saxe）元帅。

奥地利王位继承时间表

1740年

皇帝离世 查理六世的女儿玛丽娅·特蕾莎成为唯一的继承人，但是普鲁士，萨克森和巴伐利亚不承认玛丽娅·特蕾莎的继承权。

1742年

普鲁士入侵 弗里德里希二世在1740年就已公开宣战，1742年普鲁士第一次侵占西里西亚。

1743年

《沃尔姆斯条约》（*Traité de Worms*）签署 奥地利、英国和撒丁岛结盟，旨在捍卫英国在意大利的领地。

1744年

第二次入侵 弗里德里希二世发动了对西里西亚的第二次攻击，最终1745年签订《德累斯顿条约》（*traité de Dresde*）。

1745年

王位觊觎者去世 查理七世逝世迫使巴伐利亚公国承认玛丽娅·特蕾莎的继承权。

1748年

《亚琛和约》 战争结束，协议规定归还战争期间所侵占的土地。

加拿大争夺战

《亚琛和约》签订 6 年后，英法两国在北美地区重新爆发战争，1756 年冲突蔓延至整个欧洲大陆。

1754年5月28日，为了让乔治·华盛顿指挥的部队退出俄亥俄河地区，新法兰西总督率先发起了攻击，由此引发了征服战争。如果说这只是一场小型武装冲突，那么之后英军的印第安盟军首领杀害法国士兵约瑟夫·库隆·德·维利尔斯（Joseph Coulon de Villiers）的事件，使得遇难者的兄弟路易·库隆（Louis Coulon）下定决心带领法国军队摧毁了英军的堡垒。这次冲突原本只局限于殖民地区域，但在1756年却扩展到了宗主国本土，使得整个欧洲再一次被卷入战争，也称为七年战争，这次战争主要是因为普鲁士企图吞并萨克森和波西米亚引起的。1763年，直到签订《巴黎条约》，迫使法国将其大片领地割让给英国，战争才结束。

选帝侯于 1714 年入主英国。在此后的整个 18 世纪，这个德意志小国牢牢掌控着英国王位：乔治一世（George Ier），出生于汉诺威，不会说英语，他只统治了 13 年（1714—1727 年）；乔治二世（George Ⅱ），出生在德国，并在那里度过了青年时期，1727 年继任英国国王，于 1760 年去世；最后是乔治三世（George Ⅲ），他有严重的精神问题，他的统治期相对较长（1750—1801 年）。

然而，君主的出身对于联盟体系会产生深远的影响。普鲁士与英国建立了战略同盟，而奥地利则越来越倾向法国。1740 年奥地利王位继承战

乔治·华盛顿 美国开国元勋之一，在征服战争中第一次参战。上方插图：1772年，身穿弗吉尼亚民兵制服的乔治·华盛顿。

爆发时，英国国王和汉诺威选帝侯之间的这种亲族关系在战争中起到了决定性作用：这场王位继承战在英国被称为“乔治国王之战”（guerre du roi George）；这种联系促成了英国的参战。

西班牙王位继承战中，德意志神圣罗马帝国的皇帝查理六世于1740年突然离世，震惊了欧洲大陆，而他的女儿玛丽娅·特蕾莎（Marie-Thérèse）成了王位唯一的继承人。尽管对于王位继承问题查理六世生前做足了准备，但是他的遗嘱依旧无法阻止王位继承战的爆发，巴伐利亚大公查尔斯-阿尔贝特（Charles Albert）和萨克森（Saxe）选

战斧

这是一种古老的印第安工具，最初由木头和石头制成，18世纪末在制造工艺中又加入了铜和铁。由此从工具转变为武器，它通常用于美洲印第安人和殖民军之间的近身肉搏战，牛津大学阿什莫林博物馆藏（Ashmolean Museum, Osford）。

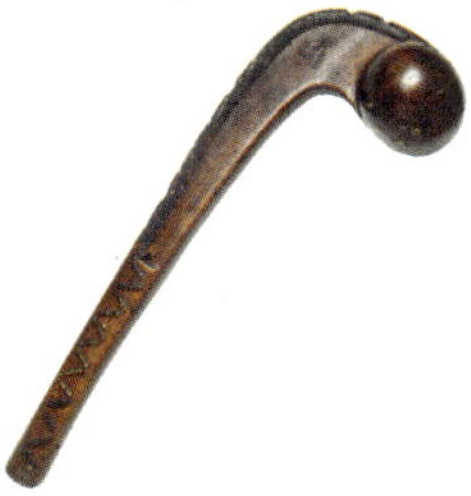

帝侯弗里德里希-奥古斯特二世（Frédéric-Auguste Ⅱ），都要为他们的妻子争夺王位。

弗里德里希二世趁乱在普鲁士称王，未宣战便占领了西里西亚（Silésie）。普鲁士新王完全无视玛丽娅·特蕾莎的皇权，欧洲列强被迫对此纷纷表态，七年战争（la guerre de Sept Ans，1756—1763 年）一触即发。

法国最初承认查理六世女儿的继承权，但最后却决定支持巴伐利亚的查尔斯-阿尔贝特。当时是红衣主教弗勒里摄政，他利用自己的影响力提议西班牙、那不勒斯、教皇国和巴伐利亚选帝侯结成联盟，之后普鲁士也加入了联盟。1742 年 1 月 24 日，巴伐利亚的查尔斯-阿尔贝特称帝，称查理三世（Charles Ⅲ）。但是，英国却在此时加入了玛丽娅·特蕾莎的阵营，继而打破了各势力间的平衡。

在战争的最初四年，许多外交手段旨在推翻各国间的结盟。1745 年查理七世（Charles Ⅶ）意外去世，迫使巴伐利亚承认了玛丽娅·特蕾莎的继承权。同时，刚继承西班牙王位的斐迪南六世（Ferdinand Ⅵ）为了缓和意大利的紧张局势，也加入了玛丽娅·特蕾莎的阵营。

1748 年，参战国聚首亚琛，法国、英国和奥地利的大使们主动达成协议，协议规定法国和英国归还战争期间攻占的领地。法国参战是为了夺回尼德兰，结果却再次失去了比利时，而西班牙也没能拿回梅诺卡岛和直布罗陀。普鲁士虽然没有签署协议，但协议确认了其对西里西亚的所有权。对奥地利而言，结局基本令人满意，玛丽娅·特蕾莎及其夫的皇权最终得到了承认，弗朗茨·德·洛林（François de Lorraine）随即称帝。

玛丽娅·特蕾莎登上皇位后，外务大臣柯尼茨亲王（Kaunitz）便立即开始寻求建立新的联盟，意图夺回西里西亚。然而，当时英国国王对于再次介入欧洲大陆事务表现得很犹豫。而法国则正在经历财政危机，加之英法在美洲殖民地的争夺日益激烈，法国还得兼顾美洲战场。

法军和印第安各部族军在美洲战场结成了同盟。英国殖民地注重农业，而法国则偏向贸易，因此五大湖地区的法国人和土著印第安人之间的局势相对缓和。这就使得法国人能轻易招募到雇佣兵对抗英国。然而，这依旧无法挽回法军在美洲战场上的颓势，几年内北美的法属殖民地便所剩无几了。

1754 年英法在俄亥俄河（Ohio）爆发冲突。英国派遣乔治·华盛顿（George Washington）去迪凯纳堡（Duquesne）赶走法国人，即今匹兹堡（Pittsburgh）。随后，殖民地争夺战蔓延至密西西比河（Mississipi）沿岸、五大湖和密西西比山谷的其他地区。1756 年，殖民地战争爆发，英国称这场战争为“法国–印第安人战争”（guerre franco-indienne），法国称之为“征服战争”（la guerre de la Conquête）。

战事很快便朝着不利于法军的方向发展：尽管法军很主动，如舒瓦茨公爵（le duc de Choiseul）制订计划攻占英属维尔京群岛（Îles Britanniques），但英国大臣威廉姆·皮特（William Pitt）巧妙调动舰队，1759 年英国舰队在基伯龙湾战役（Quiberon）大败法军。这场胜利使得英国控制了大西洋的军事和贸易要道，从此英国在北美“法国–印第安人战争”中占据上风。由于法国无法给舰队提供粮食补给，法军在战场上几近全面溃败。1760 年，英军占领蒙特利尔（Montréal），法军不得不撤退至马提尼克岛（Martinique）。尽管西班牙努力重整经济和军队，但英国已超越西班牙成为无可争议的海上霸主。尽管西班牙和法国联盟，但还是相继失去了哈瓦那、菲律宾群岛（les Philippines）和佛罗里达（Floride）。

与此同时，欧洲大陆正处于被称为“外交革命”（révolution diplomatique）的时期，奥地利外交使节柯尼茨亲王和法国外务大臣舒瓦茨公爵正在酝酿新的联盟，俄国也在不久之后加入。

普鲁士建国

三十年战争结束后，各国签订了《威斯特伐利亚和约》，勃兰登堡选帝侯继承了普鲁士，他被称为大选帝侯（Grand Électeur），普鲁士是中世纪条顿骑士统治的波罗的海地区（Baltique）的一个公国。15 世纪，勃兰登堡和普鲁士分属于霍亨索伦家族（la famille Hohenzollern）的两个支系，领地位于欧洲北部和东部，被波兰隔开。18 世纪初，勃兰登堡—普鲁士选帝侯把公国升为王国，打破了欧洲列强间的平衡。

1701 年普鲁士建国，弗里德里希一世（Frédéric Ier）登上王位，新王国其实掌握在地方贵族手中，即容克贵族们（junkers），由他们把持的议会和行政结构不利于中央集权。和法国一样，普鲁士国王不得不强制改革财政体系，创立新的国家机关，即公务官房（les Landräte），其成员仅限于贵族地主。在整个 18 世纪，普鲁士国王巧妙处理和容克贵族们之间的关系，为了联合容克贵族们的势力，国王建立了新的征税体系改善容克贵族们的经济状况，或是公开赞赏他们对于国家的贡献。与此同时，宗教组织虔诚派，以及期望繁荣德国文化的人文主义者和哲学家都十分支持政府推行中央集权政策。

1713 年弗里德里希・纪尧姆一世（Frédéric-Guillaume Ier）即位，加速了统一和权力巩固的进程。被称为“军曹国王”（le Roi-Sergent）的弗里德里希・纪尧姆一世傲慢专制，在强军的基础上，他设立统一的国家预算，建立宗教教育体系，让整个国家从 1709 年那场瘟疫中逐渐复苏。财政集权和宗教自由使得弗里德里希・纪尧姆一世及其后继者建立起一支强大的现代化军队，不断扩大领土，先后攻占了西里西亚和波兰，而新的财政体系有利于巩固国家的统一。

在这个高度军事化的国家，弗里德里希・纪尧姆一世崇尚效率、服从、纪律、责任、积极和严苛，这种军国主义思想深深注入德国人的血液中。全国各地展开征兵配额制，以便容克贵族们和地方议会控制领地内居民。推行财政体系集权制，创建战争总军需部，这个新的公共部门负责征税和控制开支，专用于支持军费。

集权制使得国王可以随时随地治理国家。这便是“官房学派”（caméraliste）这个词的来源，特指此类政府。国家官僚体系的运作有赖于各级官员，他们深受加尔文教义的影响，忠诚且有奉献精神，拒绝腐败或徇私。尽管如此，政府仍然需要

普鲁士的军曹国王：致力于国家军事化

弗里德里希·纪尧姆一世是一位伟大的创导者，他把年轻的普鲁士王国转变为一个军事强国，并由此在欧洲政治舞台上树立起威望。

当弗里德里希·纪尧姆一世还是王储时，乃至他执政的前几年，除了参加对抗瑞典的战争之外，他并没有显现出好战的性格或者扩张的目的。然而也正是弗里德里希·纪尧姆一世奠定了普鲁士军国主义的基础，至此军国主义一直都是普鲁士身份中不可分割的一部分，直至20世纪。1713年，弗里德里希·纪尧姆一世登上王位，他所推行的一切政策都是为了让普鲁士更强大，他致力于国内的经济发展和军队现代化，为实现在欧洲的扩张做好万全的准备。比如说在宫廷内部，与他父亲执政时喜好突出自身身份不同，弗里德里希·纪尧姆一世尽力传递出一种朴实、守则、有责任心的形象。他经常身穿军服，并要求每个人都履行同样的诺言，拥有同样的工作能力。因此这些行为也让他在晚年有了“军曹国王”这个称号。1740年，弗里德里希·纪尧姆一世逝世，他留下了一个强大且繁荣的国家，在其子，弗里德里希·威廉二世的统治时期，普鲁士继续进行扩张。

插图 上图：1733年，安托内·佩斯（Antoine Pesne）绘制的“军曹国王”画像，现存于柏林的夏洛滕堡（château de Charlottenburg, Berlin）；右图：1701年，应弗里德里希·纪尧姆一世的父亲之命，即弗里德里希一世，设计的黑鹰勋章。

内部监察体制，“检察员”的设立旨在监督官员是否存在不当行为。虽然许多新进公务员出身当地精英阶层，但是普鲁士国王也会使用量才录用制，以此奖励那些在战场或其他领域为国家做出贡献的人。

瑞典的没落

所谓强国必强军，瑞典曾经也是军力大国。正当欧洲列强为西班牙王位继承权冲突不断时，欧洲大陆的最北端则陷入了大北方战争（la grande guerre du Nord）。自三十年战争以来，丹麦和瑞典两国之间时常爆发冲突，究其原因主要是他们各自不同的对外政策。丹麦率先联合波兰和俄国，企图侵犯瑞典。

战争伊始，查理十二世（Charles Ⅻ，1697—1718 年）统率的瑞典军队在与丹麦军队的对阵中占得优势，并在纳尔瓦战役（Narva）中击败了俄国彼得一世的军队。俄国方面，沙皇彼得一世想要通过这场战争打开通往波罗的海的通道。战争的失利促使彼得一世着手政治改革，他参照北欧国家创立了本国的征兵体制，引进了瑞典的义务兵役制，但仅限于社会上层。在改革后的俄国，特权贵族必须服兵役，或者终身为国家服务。此外，俄国为了扩充军备增加了三倍赋税，数十万农民被征召入伍，或被迫去制造兵器以供军需。

战胜俄国让瑞典大受鼓舞，查理十二世随即侵略波兰，于 1702 年攻占华沙。此时路易十四建议瑞典对抗神圣罗马帝国，但查理十二世不顾路易十四的建议，于 1707 年率军进入俄国企图攻占莫斯科。1709 年波尔塔瓦战役（Poltava）的惨败改变了战争的走向，给了反瑞联盟可乘之机，不久后，普鲁士和英国也加入了联盟。尽管查理十二世试图与奥斯曼帝国结盟以挽回败局，但已于事无补，瑞典失去了波罗的海地区的所有领土。1718 年查理十二世逃往伊斯坦布尔，不久后，在一场战役中被射杀。国王死后，瑞典由议会（législative suédoise）接管，它是欧洲各国议会中唯一将农民利益考虑其中的议会。

《斯德哥尔摩条约》（*le traité de Stockholm*，1720 年）和《尼斯塔德条约》（*le*

traité de Nystad，1721 年）结束了大北方战争，就此建立了新的权力平衡，这场战争大大削弱了瑞典的国力，普鲁士和俄国则正相反。瑞典从此进入了“自由时代”（d'époque de la liberté），这个时期一直持续到 18 世纪中叶。1771 年，古斯塔夫三世（Gustave Ⅲ）想要恢复专制主义，他发动政变企图撤销议会恢复王权，大部分议员被囚禁；1792 年，瑞典贵族策划了一场阴谋迫害国王，其继任者古斯塔夫·阿道尔夫，即古斯塔夫四世（Gustave Ⅳ Adolphe）在一场军事政变之后放弃了王位。18 世纪末，瑞典失去了芬兰以及波罗的海的所有领土，北欧从此落入了普鲁士和俄国的掌控中。而瑞典不

波尔塔瓦会战（Bataille de Poltava）

1879 年，瑞典画家古斯塔夫·赛德斯特罗姆（Gustaf Cederström）的画作，描绘了波尔塔瓦会战失败后，脚部受伤的瑞典国王查理十二世，及其陪同在侧的盟友，即哥萨克领袖伊万·马泽帕（Ivan Mazeppa）。此次战败摧毁了马泽帕仅存的希望，即想要将乌克兰置于瑞典的保护之下，在之前的协议中瑞典曾许诺让乌克兰独立。俄国在获胜之后，终结了瑞典的霸权以及乌克兰人的期望。

欧洲列强瓜分波兰

1696 年，自波兰史上最后一位伟大国王约翰三世去世后，波兰陷入了一段漫长的危机中。1772 年，普鲁士、俄国和奥地利趁机侵占波兰领土。18 世纪末波兰又先后两次遭到列强瓜分。

1764年，斯坦尼斯拉斯·奥古斯特·波尼亚托夫斯基（Stanislas Auguste Poniatowski）登上波兰王位。之后不久国内便爆发了叛乱，列强随即提出要波兰以百分之三十的国土为代价，来换取他们对新国王的支持。叛乱的起因是波兰大贵族成立了巴尔联盟（confédération de Bar）反对国王的改革，并企图和奥地利结盟，斯坦尼斯拉斯不得不请求沙俄和普鲁士的帮助。1772年2月，沙俄和普鲁士签订了一份侵占波兰的秘密协定，在玛丽娅·特蕾莎中止和巴尔联盟的合作之后，奥地利也迅速加入了这份协定。1772年8月，三国联盟进军波兰，宣布支持波兰国王，但条件是波兰割让部分领土。1773年，巴尔联盟被俄军镇压，面对攻占华沙（Varsovie）的三国联军，斯坦尼斯拉斯·奥古斯特·波尼亚托夫斯基别无选择，只能满足他们的要求。尽管割让了土地，但波兰仍然是一个独立的国家，之后波兰又经历了两次瓜分，第二次瓜分发生在1793年，起因是1791年5月3日波兰通过了《五三宪法》（*la Constitution du 3 mai*），第三次瓜分是在1795年，原因是为了镇压波兰爱国者的起义。

插图 这幅版画描绘了波兰国王亲眼见证了俄国、普鲁士和奥地利三国瓜分波兰。

是唯一衰落的北欧强国。波兰也曾试图建立集权制，以此稳固边防抵御外敌，无奈在欧洲战场接连失利，最终走向了没落。

波兰王位继承战争

波兰大贵族拥有大片领地，他们坚决反对任何形式的中央集权政策，这使得国家无权派军驻守绵延的边境线。贵族阶层通过议会行使权力，上议院和议会被合称为“国会”（diète）。所有的决议必须在国会全票通过后

25 年内的三次瓜分 1795 年，普鲁士、俄国和奥地利对波兰进行第三次瓜分，斯坦尼斯拉斯·奥古斯特·波尼亚托夫斯基随即退位，逃亡至圣彼得堡，至此波兰作为独立的国家在 1772 年至 1794 年间一步步被瓦解直至从欧洲的版图上彻底消失。即使波兰爱国主义人士在 19 世纪发动了几次起义，但直到 1918 年“一战”末期，波兰才得以复国。

才可落实，即使决议通过，贵族还可以诉诸武力来维护其利益，因此国会的权力根本无法得以实现。

面对奥地利、俄国和普鲁士的扩张野心，波兰已无力应对，整个 18 世纪这些强大的邻国不断侵占瓜分波兰的领土。

1696 年，索别斯基王朝（Sobieski）的约翰三世（Jean Ⅲ）驾崩，继而引发王位之争，和所有的王位继承战一样，波兰王位继承战也无法阻止欧洲列强的介入。沙皇彼得一世施压让萨克森选帝侯奥古斯特二世

（Auguste Ⅱ）加冕，但他在之后的大北方战争中没能保卫波兰领土，也没能将王位传给自己的儿子。

波兰贵族的分裂加剧了战争引起的人道灾难和经济困局，而1733年国王去世，直接引发了王位继承战争。1733年至1738年战争肆虐波兰，最终俄国、奥地利和普鲁士扶持了另一位来自萨克森的国王，奥古斯特三世（Auguste Ⅲ）。这一决议有违波兰国会的意愿，他们更倾向于路易十五的岳父，斯坦尼斯拉斯·莱什琴斯基（Stanislas Leszczynski）。尽管新国王于1738年登基，但他一直受到监管，被迫待在德累斯顿（Dresde），从未踏足波兰。1764年斯坦尼斯拉斯·奥古斯特·波尼亚托夫斯基（Stanislas Auguste Poniatowski）登上王位，一定程度上改变了持续半个世纪的波兰乱局。

作为俄国女沙皇叶卡捷琳娜二世（Catherine Ⅱ）的旧情人，这位新国王无疑得到了俄国的祝福，这使他获得了相对独立的治国权。他的统治理念和欧洲其他国家的体制相似，即开明专制主义。此外他热衷于启蒙主义，为他赢得了“哲学国王”的美誉。然而，在波兰贵族和俄国女沙皇叶卡捷琳娜二世的胁迫下，这位开明的改革者没能使波兰走上强国之路。

基于弗里德里希二世的提议，普鲁士、奥地利和俄国于1772年第一次瓜分波兰，波兰被迫割让百分之三十的领土。随后，俄国借机并吞了白俄罗斯，奥地利窃取了加利西亚（Galicie），而普鲁士则趁势统一了境内的两片领土。

1793年波兰遭到了第二次瓜分：普鲁士得到了但泽（Dantzig）和波森（Posnanie），俄国兼并了波多尔亚（Podolie）、乌克兰和白俄罗斯西部。1795年，波兰第三次也是最后一次被瓜分，由于塔得乌什·科希丘什科（Tadeusz Kosciuszko）发动起义，列强再次借机侵占波兰。这次瓜分直接导致波兰亡国，1795年起，波兰便不再出现在国际视野内。1795年，斯坦尼斯拉斯·奥古斯特·波尼亚托夫斯基退位；1789年他在圣彼得堡去世。

玛丽娅·特蕾莎统治时期

18 世纪的奥地利王朝就领土面积而言也算是欧洲列强之一，但由于其国土辽阔，多民族融合，再加之军力不足，使得奥地利在群雄逐鹿的欧洲战场并不占优势。

德国历史学家塞缪尔·冯·普芬道夫（Samuel von Pufendorf）认为神圣罗马帝国国土分布不均，民族关系庞杂，就像一个“身躯庞大的怪物”（Irregulare aliquot corpus et monstro simile）。18 世纪初，查理六世执政时期的帝国包括了几个世袭王国，波西米亚（Bohême），摩拉维亚（Moravie），西里西亚，卢萨蒂亚（Lusace），还有匈牙利，克罗地亚（Croatie），斯洛文尼亚（Slovénie）和特兰西瓦尼亚公国（Transylvanie）。《乌德勒支和约》和《拉施塔特和约》签订后，帝国继承了荷兰境内的西属领地，米兰王国，那不勒斯王国和撒丁岛。

尽管帝国镇压了匈牙利革命，但是革命领袖费伦茨·拉科齐大公（Ferenc Rákóczi）决意反抗哈布斯堡王朝，他迫使帝国做出让步，从而弱化了中央集权。1711 年，曾觊觎西班牙王位的查理六世登上帝国皇位，他减免了匈牙利贵族的赋税，由此匈牙利议会则对维也纳的决定和政策获得了更大的自主权。正是由于匈牙利人民的抗争使其免于完全受制于奥地利。

对外政策方面，西班牙王位争夺战的结局对于奥地利而言并不令人满意，还使神圣罗马帝国陷于分裂的危险境地。面对帝国内部可能产生的异议，以及未来极有可能没有男性继承者的窘境，查理六世于 1713 年颁布了《国事遗诏》（*la Pragmatique de l'empire*，1713 年），诏书重申了帝国不可分割。

根据《萨利克法典》（*loi salique*），只有男性子嗣可以继承王位。因此，玛丽娅·特蕾莎无权即位，除非能获得欧洲其他列强的同意，他们还必须明确放弃继承请求。在 1720 年至 1730 年期间，查理六世和匈牙利议会共同拟定了一项领土让与政策，旨在说服欧洲列强同意帝位继承计划。洛林公国由此并入法国，南尼德兰的产品出口权归于荷兰和英国。尽管奥地利做出了极大的让步，以此换取列强承认玛丽娅·特蕾莎的继承权，但最终仍无法阻止普鲁士国王弗里德里希二世在女皇继位

玛丽娅·特蕾莎，伟大的奥地利女皇

1748年，《亚琛和约》的签订结束了奥地利王位继承战争，查理六世皇帝的长女玛丽娅·特蕾莎才最终登上了奥地利的王位。然而，她必须把帝位让给她的丈夫弗朗索瓦一世（François Ier），而自己则只能作为皇帝的妻子、匈牙利和波西米亚的王后，以及奥地利的女大公。尽管如此，玛丽娅·特蕾莎仍掌控着执政权，并实施了一系列改革，如对领土进行统一的行政管理，以及军队现代化改革。

右图 出自海因里希·弗里德里希·费格（Heinrich Friedrich Füger）的画作，和孩子们在一起的玛丽娅·特蕾莎皇后，藏于维也纳的奥地利美景宫美术馆（Österreichische Galerie im Belvedere, Vienne）。图中最右侧为玛丽娅·特蕾莎的继任者，约瑟夫二世（Joseph Ⅱ）。

霍夫堡宫（le palais de la Hofburg） 由建筑师约瑟夫·伊曼纽尔·菲舍尔·冯·埃尔拉赫（Joseph Emanuel Fischer von Erlach）扩建，堪称维也纳最美的建筑之一。

女皇传记年表

1717年	1736年	1740—17
皇帝之女 查理六世和布伦瑞克—沃尔芬比特尔的伊丽莎白·克里斯蒂娜的女儿，玛丽娅·特蕾莎出生于1717年5月13日。后来成为哈布斯堡家族首位继承王位的女性。	**婚姻** 玛丽娅·特蕾莎与洛林公爵弗朗茨·斯特凡（François Stéphane）结婚，婚后生了16个孩子，其中两位后来成为皇帝，即约瑟夫二世和利奥波德二世，以及一位法国王后即玛丽·安托瓦内特。	**王位之战** 六世逝世 玛丽娅·特 继承了王 但她没有 欧洲列强 认。1745 的丈夫称

辉煌的帝国

玛丽娅·特蕾莎除了实施开明专制、进行一系列改革之外，还兴建了几座宫殿以彰显奥地利王国的宏伟。她翻新维也纳的霍夫堡宫，扩建美泉宫（château de Schönbrunn），其位于维也纳附近，皇室家族的夏日行宫。

插图　上图：美泉宫百万厅（salon du Million）的镜子和壁炉，“百万厅”得名于用于装饰的金额（以荷兰盾表示）。下图：安东·格拉西（Anton Grassi）制作的女王瓷雕像，佛罗伦萨的皮蒂宫藏（Palazzo Pitti, Florence）。

—1763年

战争　弗里德里希入侵萨克森王国，爆发了一场新的战之后奥地利参战，收回普鲁士在1740占的西里西亚。

1765年

皇帝逝世　弗朗索瓦一世于1765年8月逝世。玛丽娅·特蕾莎命其子约瑟夫二世继承皇位，两人共同执政，尽管母子二人关系疏离，时常产生争执。

1780年

玛丽娅·特蕾莎逝世　女皇于1780年11月29日逝世。此后，哈布斯堡家族被家族旁支哈布斯堡·洛林取代，即约瑟夫二世。

七年战争的重大时间表

1756年

普鲁士入侵 在奥地利计划收回被普鲁士侵占的西里西亚之前，普鲁士率先入侵萨克森。

1757年

战败波西米亚 普鲁士长驱直入波西米亚，直至1757年6月18日在科林战役（la bataille de Kolin）中受阻。

1758年

普鲁士防御战 尽管普鲁士军队在多条战线遭受阻击，但仍于1758年8月25日在措恩多夫（Zorndorf）战胜俄军。

1759年

占领柏林 1759年8月12日，弗里德里希二世在库纳斯多夫（Kunersdorf）惨败。俄军占领普鲁士东部，占领柏林。

1762年

俄军撤退 俄国女沙皇伊丽莎白逝世后，彼得三世与弗里德里希二世缔结和平条约。此份条约之后也得到了叶卡捷琳娜二世的承认。

1763年

巴黎条约 1763年2月10日，普鲁士和英国作为七年战争的战胜国签订了《巴黎条约》。

后几周吞并西里西亚。

与此同时，法国、西班牙和巴伐利亚也开始部署军力，瓜分帝国的意图昭然若揭。波西米亚推选巴伐利亚选帝侯查理-阿尔贝特·德·维特尔斯巴赫（Charles-Albert de Wittelsbach）继位，这是有史以来第一位非哈布斯堡家族的选帝侯被推举为皇位继承人。玛丽娅·特蕾莎最终得到了匈牙利议会的支持，议会为女皇集结了一支军队击退了外敌进攻，1748年各方签署停战和约，然而帝国终究没能夺回西里西亚。

玛丽娅·特蕾莎意识到帝国可能会分裂，她实施了一系列改革政策，其中之一便是拉拢匈牙利贵族。玛丽娅·特蕾莎参照了普鲁士和法国的模式，推行行政区域制巩固中央财政，每个行政省由帝国指派的行政官员（Kreishauptmann）治理。行政官员成了征税体系中重要的一环，类似于法国的督办官或是普鲁士的地区管理员。

除了这些行政改革，帝国开始招兵买马，建立一支拥有175000名士兵的军队。女皇玛丽娅·特蕾莎在外务大臣文策尔·安东·冯·柯尼茨（Wenzel

美泉宫

贝尔纳多·贝洛托（Bernardo Belloto，1759—1760年）以美泉宫为主题的画作（1759—1760）。

下图是费伦茨·拉科齐（Ferenc Rákóczi）雕像，他发动起义，带领匈牙利人民反抗奥匈帝国。

Anton von Kaunitz）的支持下，试图和欧洲列强商讨一份新的国际协定。柯尼茨是一位出色的谈判家，他推翻了原有的联盟体系，奥地利和法国结成同盟以此抵抗普鲁士和英国汉诺威王朝的扩张野心。1756 年 5 月 1 日，柯尼茨和法国签署第一份《凡尔赛条约》（*le traité de Versaille*），按照条约奥地利和法国结成战略联盟共同抵抗普鲁士、俄国和英国的扩张威胁，此次事件史称“外交革命”（révolution diplomatique）。

玛丽娅・特蕾莎的丈夫于 1765 年逝世，她不能独自享有女皇的称号，便将皇位传给了儿子约瑟夫二世（Joseph Ⅱ），她与儿子共同执政 15 年，直至 1780 年因病去世。

七年战争

大部分的欧洲国家都参加了七年战争，它被称为第一次“世界大战”。这场大战的起因是奥地利企图夺回被普鲁士侵占的西里西亚，由此战火肆虐整个欧洲，还蔓延至北美、加勒比海地区、太平洋和印度半岛。七年战争见证了普鲁士和俄国的崛起，普鲁士拥有了一支强大且训练有素的军队，而俄国一边实施属于自己的扩张计划，一边窥伺着普鲁士的一举一动。

七年战争直接导致了联盟重组。西班牙王位继承战争一结束，奥地利就和法国走到了一起：1756 年 5 月的这场“外交革命”彻底改变了法国和哈布斯堡王朝之前的对立局面，对于帝国夺回西里西亚具有决定性的作用。不久之后俄国、瑞典和萨克森也加入了联盟。而普鲁士则与英国结成同盟。

弗里德里希二世突袭萨克森，率先在欧洲大陆拉开战事。1755 年 11 月 5 日，在罗斯巴赫（Rossbach）爆发的第一场重大战役中，普鲁士军队大败法奥联军。然而，普鲁士的战线过长，给了俄国可乘之机，由此俄军入侵勃兰登堡和波美拉尼亚。俄军在很短时间内便占领了柏林。1762 年，俄国伊丽莎白女皇去世，沙皇彼得三世（Pierre Ⅲ）即位，从而改变了战事的走向。新沙皇十分欣赏弗里德里希二世和普鲁士的军事传统，他把攻占的领土归还给了普鲁士，并且结束了和奥地利的联盟。

英王乔治三世及其国际战略

乔治三世（George Ⅲ）是汉诺威家族的第三位国王，同时也是第一位在英国出生，以英语作为母语的国王。其对外政策既获得过辉煌的政绩，也遭受过惨痛的失败：一方面，英国不断强化其作为欧洲海上强国的地位，并且打败了拿破仑；另一方面，丢失了北美殖民地，以致美国独立。

1760年，乔治三世继承祖父乔治二世的王位，当时他仅有22岁，没有任何执政经验，但这并不影响他通过削弱议会来掌握实权。当时议会正处于辉格党或称自由党的控制之下，该党派聚集了一批颇有政治影响力的人物，其中便有老威廉·皮特（William Pitt l'Ancien），他积极煽动英国加入了七年战争，而乔治三世却急于从战争中抽身。于是，乔治三世在1763年签订了《巴黎条约》。而这一行为遭到了老威廉·皮特的激烈批评，他认为即使法国把大部分美洲殖民地都割让给英国，这份条约仍可能会让法国再一次危及英国的利益。此后，乔治三世在执政方面有些反复无常，致使北美移民长期对英国不满，直至1776年乔治三世遭遇了执政时期最大的危机之一，即北美独立战争，最后，以1783年美国独立告终。同年，小威廉·皮特（William Pitt le Jeune）成为国王的亲信，而国王的精神状态则越来越令人担忧。此时欧洲大陆的情况也不容乐观，1789年大革命后的法国再次向英国宣战。英国不得不应战，在拿破仑遭遇滑铁卢大败时（1815年），乔治三世已精神失常长达四年之久，过着与世隔绝的生活，其子乔治四世摄政。1820年，乔治三世在温沙城堡逝世。

精神错乱的国王　乔治三世生命中的最后几年饱受精神疾病的折磨。有一些传言说，因为乔治三世接受了抗紫质症的治疗，导致在他的头发中检测到了高浓度的砒霜，这可能是他精神失常的原因之一。

插图　1767年小约翰·范·诺斯特（John Van Nost le Jeune）创作的乔治三世半身像，伦敦的维多利亚与艾伯特博物馆藏（Victoria & Albert Museum, Londre）。

七年战争

七年战争被很多人视作第一次“世界大战”，因为这场战争不仅仅局限于欧洲，还蔓延至其他大陆。

插图 《哈瓦那海角保卫战》（*Défense du promontoire de La Havane*，1890 年），出自拉斐尔·蒙朗·托雷斯（Rafael Monleóny Torres），马德里海军博物馆藏（Musée naval, Madrid）。

乔治三世（George Ⅲ）登上英国王位后，不想继续深陷欧洲大陆战事，所以随即退出了欧洲战场。

英法之间的冲突不仅限于欧洲大陆，还波及海外领地，尤其是北美和印度。尽管在三十年战争中，法国全力支持新教徒，然而一旦涉及美洲殖民地和大西洋贸易利益，英法之间便再无信任可言。《乌德勒支和约》签订后，美洲成为英法的主战场。1763 年签订《巴黎条约》，英国取得了北美和印度的控制权。自 1760 年乔治三世登上王位，英国在几年内成为欧洲强国，至少就海外殖民地面积而言，其他欧洲列强无人可敌。

贸易的发展和殖民地肥沃的土地使得英国殖民地人

口大增，达到了 150 万人，而 18 世纪中叶英国只有不到 700 万人口。法国尽管有 2200 万人口，但其殖民地加拿大只有 5 万人口。

普鲁士合法并吞了西里西亚。除了军力问题，七年战争令参战国财力上捉襟见肘，也凸显出各国改革的迫切性。例如，1763 年奥地利的公共债务是国家收入的七八倍。普鲁士境内爆发多场大战，造成了巨大的损失。

专制君主的典范

弗里德里希二世，开明专制君主的典范。这幅由约翰·海因里希·克里斯蒂安·弗兰克（Johann Heinrich Christian Franke）于 1763 年绘制的油画展现了佩戴黑鹰勋章（由其祖父弗里德里希一世设计）的弗里德里希二世。

插图（右侧） 俄罗斯帝国之鹰，现存于圣彼得堡冬宫，即艾尔米塔什博物馆。

开明专制

从 1740 年开始，大部分欧洲国家纷纷投入经济、社会和行政体系的改革浪潮中，这些改革措施不仅仅旨在发展贸易、教育和科学，也是为了改善司法和财政体系。集权政府的改革新政深受启蒙运动的影响，被称为“开明专制”（despotisme éclairé**）。**

尽管直到 19 世纪后半叶才开始使用“开明专制”或“开明绝对主义”（absolutisme éclairé）这个概念，意指一种治理模式，即在集权制的基础上引入启蒙运动的主要理念，尤其是主张给予大多数人最大限度的福利。与此同时，相应地限制教会和贵族的特权。开明专制始于普鲁士国王弗里德里希二世和奥地利女皇玛丽娅·特蕾莎，终结于 1790 年，奥地利皇帝约瑟夫二世去世，它通常被认为是 18 世纪后半叶欧洲君主国家的一个显著特点。

这个世纪的几位开明君主有普鲁士国王弗里德里希二世（1740—1786 年），俄

伟大的开明君主

1715—1774年

路易十五 他解散了议会，宣布只有国王拥有颁布法律的权力。

1740—1786年

弗里德里希二世 弗里德里希二世受过良好的教育，在治理国家和军事方面才能卓著，他是开明君主的典范。

1759—1788年

西班牙查理三世 自西班牙查理三世继承王位后，他便任命了一批有识之士实施改革，但成效甚微。

1762—1796年

俄国叶卡捷琳娜二世 彼得三世的妻子，她发动宫廷政变迫使彼得三世下台，使得俄国成为具有国际影响力的强国。

1765—1790年

奥地利约瑟夫二世 玛丽娅·特蕾莎之子，他颁布了宗教宽容法令，在国内废除农奴制。

1771—1792 年

瑞典古斯塔夫三世 他解散议会，限制贵族的权力，以此试图加强君主的权威。

启蒙时期的奢华宫廷

以凡尔赛宫为典范，欧洲的宫廷展现了君主专制的荣耀和庄严，更是以国王为中心的权力中枢。

虽然约瑟夫二世和弗里德里希二世都十分朴素，但是启蒙时期的宫廷生活仍极尽奢华，尤其体现在宫殿上。凡尔赛宫象征了路易十四统治下辉煌的法国，国家大部分的财富都是抢夺和压榨其盟国和敌人所得来的。同样玛丽娅·特蕾莎所居住的美泉宫和彼得一世的彼得霍夫宫（le palais de Peterhof）也都是模仿凡尔赛宫修建的。宫廷生活充斥着繁复的礼节，此外每日还有宴会、庆典、戏剧和歌剧，这无疑都体现了王权的显赫。

插图 马丁·范·梅滕斯（Martin van Meytens）所作油画，它描绘了1743年1月2日为了庆祝从法国和巴伐利亚军队手中收复波希米亚，在维也纳举行的贵妇骑兵竞技赛，玛丽娅·特蕾莎也在其中。维也纳艺术史博物馆藏（Kunsthistorisches Museum, Vienne）。

国女皇叶卡捷琳娜二世（1762—1796 年），奥地利皇帝约瑟夫二世（1765—1790 年），瑞典国王古斯塔夫三世（1771—1792 年）和西班牙国王查理三世（1759—1788 年）。但还有几位执政者也应位列其中，尤其是葡萄牙蓬巴尔侯爵（1750—1777 年）。这些开明君主执政时都尝试践行启蒙思想，尤其注重改善人民生活水平，发展工业、农业和贸易，大力推进科学、艺术和国民教育。

这项改革旨在革新司法和财政体系，发展国家经济和贸易，废除奴隶制。为了实现这些目标，欧洲的君主们通过中央集权、军力扩张，以及行政、财政和

宗教改革来扩大自己的权限。但这些改革的成效甚微。政府还需要军队巩固权力。意大利的小公国和德意志神圣罗马帝国的诸侯国也尝试通过改革全面掌控政权、司法权和行政权。

除了荷兰联省共和国和大不列颠实行君主立宪制，从西欧的葡萄牙到东欧的俄国，还有波兰，这些欧洲君主都在尝试一种新的权力模式，以此限制贵族和教会。国家事务及其影响力已扩大至曾经的私人领域，如教育、卫生、科学、大学教育和赈济。大多数情况下，集权制必然离不开财政体系的革新，例如，在国家层面统一各项赋税和贡税，取消特权阶层的征税权及免税权。

在绝对君权的影响下，君主们的权力触及公共生活的方方面面，从而也影响了传统文化和习俗，比如着装、消遣甚至死亡的方式。

例如，沙皇彼得一世要求臣民参照西欧的服饰，如短外套、帽子和衬衣。此外，男人还必须剃须，否则便会被处以罚款，富人罚 1 卢布，穷人罚 1 戈比。1766 年，西班牙国王查理三世的大臣们颁布了一项禁令，禁止穿戴长披风和宽边帽。皇帝约瑟夫二世希望臣民们利用回收木材制作棺材。从公共生活的主要领域到那些不起眼的习俗，这些开明君主在寻求另一种合法性。这种合法性有别于路易十四声称的君权神授，而是基于公共利益高于行业利益的原则，这两者通常被认为是相互对立的。开明君主就像家里的慈父，他力图创造一个和谐的社会环境以求整个王国走向繁荣。

其实，该理念早在 16 世纪便初见雏形，当时便有政论指出，国王应寻求公共利益。两者的分歧在于具有家长制特征的君主权力是否可以分割。君主被赋予了绝对权威，因此在任何情况下他都应做到体恤民情，为民解忧。

英格兰国王詹姆斯一世（Jacques Ier）摒弃了君权神授，而采信了自然法，他在议会声称，国王应该是臣民的父亲。普鲁士国王弗里德里希二世也乐于自谦为人民的仆从。托斯卡纳大公利奥波德（le grand-duc Léopold de Toscane）最得力的亲信之一——弗朗西斯科 · 玛利亚 · 乔尼（Francesco Maria Gianni）认为只有明君才能治理好国家，“通过严格立法和良好的行政体系，君主才能带领臣民走向繁荣”。在理性和利益的驱使下，君主及其子民之间形成了一种契约关系，由此君主才能合理地确保人民安居乐业。

1758 年，巴伐利亚的法语作家弗里德里希 · 梅勒西奥 · 格里姆男爵（Friedrich Melchior Grimm）首次提出了“开明君主”（despote éclairé）这一表述，他是狄德罗的朋友，曾参与过《百科全书》的编撰。然而，直到 1767 年重农论者保罗–皮埃尔 · 勒梅西尔 · 德 · 拉里维耶尔（Pierre-Paul Lemercier de La Rivière）的著作《自然的秩序和社会政治的基础》（*Ordre naturel et essentiel des sociétés politiques*）出版后，“开明君主”这个表述才开始被广泛使用。这部著作堪称一本国家治理宝典，它指出，如果君主想要推行自己的执政理念，就应该实行“个人合法专制主义”。

尽管，“专制”和“启蒙”，两者似乎是相互对立的，但这两种理念在18世纪最后的几十年已经深深根植于欧洲的政治土壤。哲学家和重农论者努力把权力和理性结合起来，他们或是入职政府部门，或是利用自己的影响力让执政者实践其哲学理念。以上两种途径都是利用权力践行改革，从而使个人理性服务于公共利益，被称为“改革者”的葡萄牙国王约瑟夫一世（Josèphe Ier, dit le Réformateur）正是这样做的。

约瑟夫一世和蓬巴尔侯爵

从18世纪后半叶开始，葡萄牙和欧洲许多国家一样，实施了一系列重要改革。

建立公共教育体系、优化大学，废除奴隶制和酷刑，限制宗教裁判所的权力，由首相掌控财政，这些政治举措正是基于启蒙运动的哲学理念，由政府贯彻实行。葡萄牙遭遇了和西班牙类似的情况，这些原本旨在限制宗教团体和贵族权力的举措彻底激怒了特权阶层，他们决意捍卫并夺回特权。18世纪后半叶，葡萄牙徘徊于不受议会控制的绝对主义和独裁专制之间，但这并没有影响到国王的态度，他仍不懈地致力于收回贸易垄断权、财政权、司法权和军队。

1755年，里斯本发生大地震，突如其来的灾难对葡萄牙推行开明专制起到了决定性的作用。这场犹如世界末日般的地震动摇了欧洲对于人类进步和自然秩序的笃信，而之后的城市重建则为启蒙运动迎来了契机，政府由此夺回了一些国家机关的权力。国王绝不会放弃这个绝佳的机会推行深度改革，正应了那句谚语“沉疴还需重剂”。

以康德和伏尔泰为代表的欧洲哲学家和知识分子在思考这场大地震的哲学内涵时，约瑟夫一世的首相——蓬巴尔侯爵便下令绞死劫掠者，把遇难者尸体扔进大海，遵循实用原则和理性主义的建筑理念着手重建新的里斯本。

里斯本大地震

1755 年的地震不是里斯本有记录以来的第一次，但却是最具破坏性的。城市遭到的巨大破坏，却给了开明思想一次践行的机会，去重建一个更美好、更公平的世界。

1755年11月1日，诸圣瞻礼节当天，从早上7点到9点，里斯本的大地以前所未有的速度震动。惊恐的当地居民冲上街道，道路两旁的建筑物纷纷倒塌，火灾肆虐。与此同时，在港口，三波高达10米的巨浪淹没了码头，吞噬了在那里避难的民众。地震过后的场面如同炼狱：整个里斯本成了废墟和火场，仅扑灭火灾就花了五天的时间。85%的建筑包括王宫都毁于地震（地震级数为里氏9级）或火灾，造成2万至6万人死亡。在规模如此巨大的灾难面前，人类是如此脆弱，这不禁让人质疑开明的乐观主义。

插图 乔治·卡斯帕·普法恩茨（Georg Caspar Pfauntz）雕刻的版画，描绘了被地震摧毁的里斯本。

蓬巴尔侯爵（le marquis de Pombal，1699—1782年）是葡萄牙启蒙运动的代表人物，原名塞巴斯蒂安·何塞·德·卡瓦略·梅洛（Sebastião Jose De Carvalho e Melo），他并非出身贵族，和葡萄牙其他小地主一样，他的贵族头衔是为了奖励他为国家服务。1739—1744 年，前往伦敦出任驻英使节；1740 年，“詹金斯的耳朵战争”期间被任命为皇家学会成员，蓬巴尔侯爵在英国任职期间增长了见识，他深知只有依靠强大的海军和贸易政策才能维护殖民地利益。此外，他与启蒙运动的英国人一样，希望通过探寻原因来解释结果，这种做法既适用于解释自然

地震遗迹 卡尔莫修道院（Convento do Carmo）拥有里斯本最大的哥特式教堂，修道院在地震中被毁，它的废墟被保存下来，以纪念 1755 年 11 月 1 日的地震。

现象，比如地震，也适用于解释政治秩序和贸易秩序。

英国拥有强大的军事力量，而葡萄牙在贸易和军事方面都处于弱势，蓬巴尔侯爵指出了其中的原因：英国在贸易政策上的成功使其称霸大西洋两岸。蓬巴尔侯爵坚信，只有在殖民地颁布紧急措施，才能改善葡萄牙的贸易关系。于是，他建立了一套用于巴西金矿生产的财务系统，以此预防欺诈和走私。同时，他敦促政府针对蔗糖和烟草采取贸易保护主义措施。1750 年初，他在巴西的巴伊亚（Bahia）、里约热内卢（Rio de Janeiro）和一些其他城市创立贸易监察机关。

蓬巴尔侯爵鼓励采取措施以刺激人口增长，此外他把贩卖黑奴的垄断权给予位于格劳-帕拉-马拉尼昂州（Grão-Pará et Maranhão）的贸易总公司。他认为，葡萄牙通过这些举措可以和英国公平竞争。

在葡萄酒贸易方面，也采取了相同的措施，在上杜罗（Alto Douro）创办葡萄种植总公司，用于确定波尔图葡萄酒的出口限制和配额。尽管这家公司大大改善了出口贸易形势，但是小规模的葡萄种植者和商人对结果仍不满意，因为他们的葡萄产地没有纳入总公司确定的出口配额名单。不久后便发生了大规模的抵制运动，尤其在波尔图（Porto），在那里集中了许多各领域的同业工会和贸易协会，他们的贸易量大受影响。

1757 年 2 月 23 日，大约 5000 人走上街头抗议政府决策，蓬巴尔侯爵立刻把这场暴乱定性为违抗王权。478 人被拘押，随后遭到审判，只有 36 人被宣告无罪。1757 年 10 月，13 个男人和 1 个女人毫无畏惧地面对死亡，他们被绞死后，尸体分别被挂在长矛上，示众两周。其他囚犯被处以鞭刑，之后被收监或是服苦役，此外所有囚犯的财产充公，军队占领了整个波尔图。

蓬巴尔侯爵利用武力镇压暴乱的做法，之后多次上演。1758 年，发生行刺国王事件，蓬巴尔侯爵毫不犹豫将刺客斩首示众，以儆效尤。阿威罗公爵唆使了此次行刺，作为同谋被当众处以车刑，其四肢被打断后被活活烧死，直至化为灰烬，随风而去。尽管阿威罗公爵属于葡萄牙最尊贵的贵族阶层，还是最高法院院长，但他却遭受了和罗贝尔-弗朗索瓦·达米安一样的刑罚，此人是位退伍士兵，前不久企图刺杀法国国王。塔瓦拉家族（Távora）也遭遇了同样的悲剧，整个家族被指控参与谋反，塔瓦拉侯爵被斩首，家族其他成员被绞死，后又被处以车刑。

此外，蓬巴尔侯爵还下令逮捕了 8 名耶稣会神父，并予以判刑，其中加布里埃尔·马拉格里达神父（Gabriel Malagrida）曾旅居巴西多年，他素来反对格劳-帕拉-马拉尼昂州实施的改革政策，而该州的行政长官正是蓬巴尔侯爵的一位兄弟。马拉格里达神父曾发表过一本小册子，他在文中公然与蓬巴尔侯爵唱反调，声称里斯本大地震是出自神怒，马拉格里达神父于 1761 年被判处死刑，而其他被捕的耶稣

开明君主的一致举措：驱逐耶稣会士

耶稣会成立于 1540 年，与其他宗教组织不同，耶稣会直接听命于罗马教皇。而君主专制的国家则把耶稣会看作其控制范围之外的“国中国”。

耶稣会士起誓：“作为尘世的牧师，在十字勋章的旗帜下为上帝而战，只事奉主和罗马教宗。”这份誓言在1550年得到教皇朱利叶斯三世（Jules Ⅲ）的认可。此后，耶稣会成为一支为教皇服务的军队，并很快以教皇的名义在整个欧洲发展起来，以此对抗宗教改革运动。耶稣会极力捍卫罗马教廷，具有强大的政治影响力，财力也不容小觑，在教育等许多领域都起着重要的作用，以至于引起了其他宗教团体、启蒙人士和君主专制支持者的敌意。1759年，蓬巴尔侯爵以耶稣会密谋反叛约瑟夫一世为由将其驱逐出葡萄牙，法国（1763年）、西班牙和那不勒斯（1767年）也紧随其后如法炮制。1773年，这些国王说服了克雷芒十四世（Clément XIV）下令取缔耶稣会，但是耶稣会并没有就此消失，耶稣会士逃往普鲁士和俄罗斯避难，直到1814年才重新恢复。

插图 描绘耶稣会士被驱逐出葡萄牙的版画，现藏于巴黎国家图书馆（Bibliothèque nationale, Paris）。

会士在1759年判决下达后被立刻驱逐出境。

在这起重大案件及其随后引发的一系列事件中，充分显现出蓬巴尔侯爵决意确立其权威，即使为了对付耶稣会和反对派贵族必须不择手段，他也在所不惜。

巴西局势非常紧张：在蓬巴尔实施改革政策前，地方职权其实掌握在耶稣会手中，他们管理当地的印第安人，并反对贸易垄断。1750年，西班牙和葡萄牙签订《马德里条约》（*le traité de Madrid*），条约承认亚马孙森林归葡萄牙所有；作为交换，葡萄牙保证撤回乌拉圭境内所有耶稣会士，并严格遵守边界线。

耶稣会为了抵制国王企图终结其对印第安人的统治，会士们聚集于一家名为“公共利益表”（la Mesa do Bem Commun 或 Table du bien Commun）的贸易协会，并向改革派宣战，尤其针对蓬巴尔侯爵。而蓬巴尔侯爵则委任他的兄弟——门多萨·富塔多（Mendonça Furtado），负责创立一家贸易公司，以便于贩卖奴隶。

这家格劳–帕拉–马拉尼昂州贸易总公司创立于1755年，它享有20年独家开采权。这家贸易垄断企业迅速激起了一片反对浪潮：小商贩们抗议国家侵占了他们的利益；而南方的耶稣会传教士则采取了更为激烈的反抗方式，他们公然用武力抵制《马德里条约》。蓬巴尔侯爵立刻做出回应，他特地组织了一支西班牙葡萄牙联军来镇压叛乱。

1760年，蓬巴尔侯爵在葡萄牙花了将近10年着手巩固其政策。他为此改革了教育体系、税收惯例，以及与制造业相关的经济活动。蓬巴尔侯爵主导的改革不仅涉及大众的风俗习惯，还深入军队和教会，因为在他眼中两者和进步思想有时是不相容的。

改革之所以能得到贯彻执行，要归功于世俗化和立法现代化。许多社会活动以前都隶属教会阶级，受制于教会法，而现在颁布了基于开明理性主义制定的法典，以此指导社会生活。1760年罗马教廷大使被驱逐出境，梵蒂冈在里斯本从此失去了发言人。葡萄牙的世俗化进程采取了多种形式，如针对宗教裁判所制定新规章，改革后由蓬巴尔侯爵的另一个兄弟——保罗·德·卡瓦略大主教（Paulo De Carvalho）负责管理宗教裁判所，还有之前由教会掌控的书报审查制度也进行了改革。在教育领域，由于耶稣会被驱逐，政府不得不重组整个教育体系，这涉及大学

教育改革，和新老师的聘用。这一系列针对教育体系的改革措施都基于功利主义原则，旨在将教育作为国家政策的核心。

1777 年，葡萄牙国王去世，也标志着蓬巴尔侯爵政治生涯的结束。18 世纪 60 年代，蓬巴尔侯爵的权势与日俱增，直至葡萄牙参加七年战争时达至顶峰，而约瑟夫一世的逝世则使其迅速失去了几乎所有的合作伙伴。幸亏军队介入，否则位于里斯本的蓬巴尔侯爵宅邸险些被暴民焚烧，而他本人不得不逃离里斯本，回到领地以免遭私刑。

在被迫离开霸占 20 多年的首相之位后，蓬巴尔侯爵被控告受贿和滥用职权。蓬巴尔侯爵在任期

蓬巴尔侯爵

路易·米歇尔·范·卢（Louis-Michel Van Loo）和克劳德·约瑟夫·韦尔内（Claude Joseph Vernet）合作的画作，描绘了塞巴斯蒂安·何塞·德·卡瓦略·梅洛（Sebastião Jose de Carvalhoe Melo），即蓬巴尔侯爵，指着 1775 年地震后重建的里斯本。里斯本市博物馆藏（Museu da Cidade, Lisbonne）。蓬巴尔侯爵是约瑟夫一世的首相，他是葡萄牙启蒙时期的领袖人物；正是在他的努力下，首都才能在地震后快速重建，他在经济、行政、教育和教会等领域实施了一系列改革，使葡萄牙进入了现代化的进程。

奎露兹王宫（Palais de Queluz）

1747年，葡萄牙王子，即未来的皮埃尔三世下令兴建奎露兹王宫，它被视作葡萄牙的凡尔赛宫，1755年里斯本地震之后成为王室宅邸。

插图 奎露兹王宫正面图，尽显新古典主义风格。图中前排是洛可可风格的海神喷泉（fontaine de Neptune）。

间树敌众多。他在80多岁高龄接受了长达一年的司法问讯。他辩解称，自己的每个决定都得到了国王的许可。尽管新女王，布拉干萨的玛利亚一世（Marie Ier de Bragance）宣布蓬巴尔侯爵有罪，应该受到警戒性惩罚，因为其年事已高而被赦免。在宫廷失宠后，他将余生致力于编纂辩护词和辩护书，1785年起这些文本被翻译成多国语言在欧洲广泛流传。

18世纪70年代，葡萄牙经济陷入衰退，蓬巴尔侯爵的许多政敌都猛烈抨击20年前由其实施的改革政策。新女王一方面要保住侯爵的命，另一方面她也已经意识到必须关闭格劳-帕拉-马拉尼昂州的贸易总公司。然而，开放贸易依旧无法改善葡萄牙的经济状态，只有那些贵族寡头例外，他们曾受益于蓬巴尔侯爵在位时的垄断政策，早已赚得盆满钵满。

西班牙查理三世统治时期

西班牙从 17 世纪 80 年代起开始出现知识复兴的迹象，瓦伦西亚（Valence）医学院支持现代科学，呼吁大学教育现代化。改革运动在核心人物格雷戈里奥·玛雅·伊西斯卡（Gregorio Mayans y Siscar）领导下从西班牙地中海沿岸蔓延至萨拉格萨（Saragosse）、塞维亚（Séville）、萨拉曼卡（Salamanque）和马德里。新思潮最积极的推动者是本笃会学者（l'érudit bénédictin）贝尼托·赫罗尼莫·费霍（Benito Jerónimo Feijoo），他于 1726 年发表了一篇关于西班牙落后状态的随笔——《批评战场》（*Théâtre critique*）。

斐迪南六世（Ferdinand Ⅵ）统治时期，行政、财政和经济方面的改革主要在恩塞纳达侯爵塞农·德索莫德维利亚（Zenón de Somodevilla）的支持下进行，他希望西班牙帝国能重现往日荣光，再次成为军事和外交强国。

开明君主

查理三世被誉为西班牙开明专制的代表人物，他针对政治和行政实施了一系列结构性深度改革，为后来者开辟了一条创新之路。

插图 安东·蒙斯（Anton R. Mengs）创作的国王肖像画，马德里普拉多博物馆藏（musée du Prado, Madrid）。

王宫（第 65 页）

查理三世命意大利建筑师弗兰西斯科·萨巴蒂尼（Francesco Sabatini）改造并重新装饰王宫，之后这座宫殿成为国王的宅邸。

开明的政治家和作家：加斯帕·麦可·德·霍维利亚诺斯

他的一生就能体现出西班牙启蒙运动遭遇的挫折：由于国王胆小懦弱，加之贵族和教士的激烈反对，霍维利亚诺斯的改革计划一次次陷入困境。而身为作家为国家现代化所作出的努力亦使他失去公职，被判流放和监禁。

霍维利亚诺斯出身阿斯图里亚斯贵族，从1767年起，他便在政府中担任各种职务，并同时进行文学创作。他是法国启蒙运动作家的追随者，他支持现代化政策，如土地改革和经济自由主义等，但鉴于法国发生的一系列革命，西班牙当局深感不安，霍维利亚诺斯随即被流放。但是这并没有磨灭他改革的热情，一回到家乡，他便着手实施新计划。在曼努埃尔·戈多伊（Manuel Godoy）的努力下西班牙和法国结成同盟，这也使得霍维利亚诺斯在1797年11月重归政坛，担任法务大臣。在担任法务大臣期间，因为反对宗教法庭和戈多伊，1801年，上任仅9个月后，霍维利亚诺斯就被戈多伊关进了马略卡岛（Majorque）监狱。直到1808年，他去世前3年才重获自由。

插图 弗朗西斯科·德·戈雅于1798年创作的霍维利亚诺斯肖像画，马德里普拉多博物馆藏。

1759年，查理三世即位，西班牙人认为新国王会将改革进行到底，使西班牙在国际舞台上占有一席之地。耶稣会作家何塞·弗兰西斯科·德·伊斯拉（José Francisco de Isla）认为，新国王会默许一场“幸福革命”（révolution heureuse）。然而，这只是殖民地人民的奢望而已，18世纪的西班牙没落了，1808年它几乎失去了所有的殖民地，政府实施的现代化政策也没能挽回败局。

查理三世的首要任务是在欧洲其他王国面前尽力巩固王权。政治家兼作家巴勃罗·德·奥拉维德（Pablo de Olavide，1725—1803年）曾形容当时的西班牙就像一个“由许多小共和国组成的巨大共和国，这些小共和国之间互相为敌，因为每个共和国都要维护自己的利益，从而损害了整个国家的利益”。

西班牙及其海外帝国在各个领域都呈现出旧制度的特质，国家被分为两个阶层，一个是贵族和教士阶层，他们享有众多特权，另一个阶层就是余下的所有国民。第二个阶层不仅仅包括农民和从事不同职业的劳动者，还有处于中产阶级的商贩和手工业者；此外还有在美洲的几百万印第安人、奴隶和自由人，美洲殖民地的政治、贸易和文化机构都掌握在克里奥尔精英阶层（les élites créoles）手中。

尽管西班牙幅员辽阔，但众多领地各自为阵，难以形成一个真正意义上统一的国家，尤其是孤悬在外的海外殖民。18世纪前半叶，西班牙及其殖民地之间缺乏协作，关系紧张：整个美洲贸易市场掌握在欧洲列强手里，然而从中滋生出的腐败和滥用职权破坏了官方贸易，印第安人成为最终的受害者，改革已迫在眉睫。

对于查理三世而言，强国应该通过刺激贸易增长来恢复经济；而且，所有的国家机关都应致力于这项艰巨的任务，并最终达成理性战胜蒙昧的目标。在这样的背景下，政治家何塞·德尔·坎皮略（José del Campillo）撰写了《美洲经济政府新体制》（*Nouveau système de gouvernement économique pour l'Amérique*）。1760年西班牙设立“单笔捐税”（contribution unique）来巩固财政体系。这项新赋税旨在向贵族和教士按比例征收财富税，这也是西班牙有史以来第一次要求特权阶层捐税。

政府决议取消一部分豁免权，之前被称为“借口”（d'excusado），只有教士才享有这项特权。该政策从某种程度而言是为了巩固王权，让国王在神学体系中找到了针对教会维护君主权力的正当理由。坎波马内斯伯爵（le comte de Campomanes）这样的改革者认为，启蒙思想应该推及西班牙主教，从而使之弃绝迷信、特权和宗教狂热，保留天主教的初衷。

许多历史学家认为查理三世是这个时期西班牙最伟大的君主，尤其在治理国家方面政绩卓越。查理三世是菲利普五世的长子，1731 年，15 岁的他被封为帕尔马公爵，1734 年在波兰王位继承战争期间征服那不勒斯，次年加冕为西西里岛国王，称查理七世。查理三世最明智的决策便是聚集了一批经验丰富的大臣，其中不乏伟大的思想家，如坎波马内斯伯爵，后来成为首相的佛罗里达布兰卡伯爵（le comte de Floridablanca），还有加斯帕・梅尔基奥尔・德・约维拉诺斯（Gaspar Melchior de Jovellanos），他是启蒙时期最享有盛名的学者之一。也有一些大臣来自王国的边缘地区，如阿斯图里斯（les Asturies）和穆尔西亚地区（Murcie），他们其中大多数人出身乡绅。鉴于其社会地位的特殊性，他们一方面力阻当地贵族的诉求，另一方面也十分关注西班牙最显赫的贵族阶层，这个阶层在哈布斯堡王朝最后统治时期颇具影响力。

西班牙的改革政策受益于当时欧洲的开明思想，尤其是法国的启蒙思想。西班牙作家，如约维拉诺斯、梅伦德斯・瓦尔德斯（Meléndez Valdés）、瓦伦丁・德・福隆达（Valentin de Foronda），他们对当代思想家的著作如数家珍，例如伏尔泰、孟德斯鸠，以及一些英国或意大利的作家。1744 年，意大利刑法学家切萨雷・贝卡里亚（Cesare Beccaira）的著作《论犯罪与刑罚》（*Des délits et des peines*），由胡安・安东尼奥・德拉斯・卡萨斯（Juan Antonio de las Casas）翻译成西班牙语，这部作品影响甚广，胡安・帕勃罗・福纳（Juan Pablo Forner）于 1793 年出版了著作《论酷刑》（*Discurso sobre la tortura ou Discours sur la torture*）。大学、科学机构、各类学会和经济社团都融入了改革大潮，这都要归功于来自法国的新思潮。

西班牙思想家们十分关注开明哲学，但他们不支持无神论或自然神论。尽管新刊物和讨论小组（les tertulias）在西班牙积极传播启蒙思想，竭力避开宗教裁判所

针对埃斯奎拉奇侯爵的抗议：反对启蒙运动的暴乱

针对埃斯奎拉奇侯爵（le marquis d'Esquilache）的抗议使得反对开明政策的浪潮在西班牙达至顶峰。适逢动荡时期，西班牙国内频发暴乱，但由于此次事件迫使埃斯奎拉奇侯爵被免职，从而在历史上产生了重大影响。

查理三世继承西班牙王位后，从意大利带来了许多有识之士，其中就有斯奎拉塞侯爵（le marquis de Squillace），不过大家熟知的还是他的另一个名字埃斯奎拉奇侯爵。作为国王的左膀右臂，他被任命为政府改革的负责人，他的改革计划及其外国人的身份很快就引起了贵族和教士的不满。但是最终把他赶下台的却是马德里人民。暴动的导火索是一项旨在改善城市和居民形象的法令，该法令禁止人们穿戴长帽斗篷和宽檐儿帽（chambergo），因为长帽斗篷可以隐藏各种类型的武器，而宽檐儿帽则会让犯罪者挡住脸。1766年3月23日至26日，马德里人民在教会和贵族的教唆下，发起了反对当权者的起义，起义造成了极度的混乱，以至于查理三世最后只能做出让步。起义平息之后，埃斯奎拉奇侯爵和政府部门中的其他外国人都被驱逐出西班牙，但关于服装事宜的王室法令并未因此而废除。国王也利用这次暴动顺势加强了君主的权威。耶稣会为此付出了代价：它被认为对起义负有责任，并于1767年被驱逐出西班牙。

插图 描绘起义的石板画，藏于巴塞罗那的加泰罗尼亚国家图书馆（Bibliothèque nationale de Catalogne, Barcelone）。

的审查，然而西班牙改革派成员都是虔诚的天主教徒，他们无法接受某些法国思想家的激进主义思想。因此，改革派的目标不是宗教思想，而是享有特权的教会实体。

此外，西班牙的启蒙思想遵循的是实用主义，被称为“规划主义”（projectisme）。在巩固王权的基础上，政府奉行理性主义，致力于改善全体西班牙人民的生活水平。

七年战争期间，西班牙实施了许多改革政策，例如，针对大学以外的高等学院，即高级学院

阿兰达伯爵 佩德罗·巴勃罗·阿巴卡·德波利亚（Pedro Pablo Abarca de Bolea），阿兰达伯爵（Le Comte d'Aranda）是埃斯奎拉奇侯爵的继任者，成为新一任政府改革负责人，并且负责对起义事件进行调查，最终将耶稣会从西班牙驱逐出去。

插图 何塞·玛丽亚·加尔万·坎德拉（José María Galván y Candela）所绘的阿兰达伯爵肖像，现存于马德里参议院（palais du Sénat, Madrid）。

（Colegios Mayores），废除其特权及影响力，撤销谷物经销商垄断市场的行为。1762 年，查理三世贸然参战，结果以失败告终，西班牙失去了哈瓦那和马尼拉（Manille）。此外，1766 年，耶稣会和反对派主导了一系列骚乱和人民起义。颁布立法权改变了人们的传统和风俗，由此引发了一场反抗改革派大臣埃斯奎拉奇侯爵（Esquilache）的起义，最终为了平息暴乱，侯爵被免职。

尽管道路险阻，大部分改革政策却被继续推进，这要归功于一个新人物的诞生：总督，作为一个执

跨越两个世纪的天才：弗朗西斯科·德·戈雅

弗朗西斯科·德·戈雅创作的洛可可式大幅挂毯草图内容涉及广泛，有描绘世俗场景的，有预示表现主义的黑白画，从未有人像戈雅这样运用明暗对比来突出这个时代的热情，以及启蒙运动的失败。1793年是戈雅绘画生涯中至关重要的一年：一次重病给予了他探索更为个人化艺术的契机，这次尝试也预示了不久后即将到来的浪漫主义。戈雅成为马德里开明贵族和知识分子最喜爱的画家，一时间声名鹊起。王室家族也为他打开了大门。

右图　《查理四世一家》（*La Famille de Charles Ⅳ*）是一幅家族肖像画，创作于1880年，这幅画中也有戈雅的身影，正如委拉斯凯兹（Vélasquez）在创作《宫娥》（*Ménines*）时所做的那样，而前者现收藏于马德里普拉多博物馆。

自画像

和委拉斯凯兹一样，戈雅在西班牙伟大的肖像画家中占据一席之地。无论是画国王还是平民，他都能观察到所绘人物最深层次的心理活动，他这种洞察能力在许多的自画像中也有所体现，例如这张佩戴眼镜的自画像，巴约纳邦纳特博物馆藏（musée Bonnat, Bayonne）。

❶ 国王查理四世　这幅王室家族肖像画创作于阿兰胡埃斯（Aranjuez），是宫廷画师戈雅艺术生涯的巅峰之作。在这幅画中，国王略微靠前，和王后及波旁的弗朗索瓦·德·保罗王子（François de Paule de Bourbon）站成一排。为了突出国王的重要性，戈雅在国王服饰上添置了金羊毛勋章（Toison d'or）和几枚西班牙十字军章。

❷ 帕尔马的玛丽·路易斯（la reine Marie-Louise Prame）　王后得到了重臣伊的支持，她成了这幅肖像画魂人物。戈雅把王后置于这幅中心位置，正如现实所影射的王后掌握政府实权，而不是国王后右手环抱着12岁的玛丽莎贝拉公主（Marie-Isabelle这个姿势似乎预示着王后一定护公主免于嫁给拿破仑。

迪南王子（le Prince Fer-nd） 他是国王的长子，未来迪南七世，表情严肃，佩戴父亲一样的勋章。站在他右他的弟弟，查理•玛丽•伊西Charles Marie Isidore），而画中南左侧的女孩正是他未来的。因为当时两人的婚事还未确定，戈雅没有画出女孩的。

④ **路易王子（le Prince Louis）** 1795年，路易·德·波旁·帕尔马娶了公主玛丽·路易斯，她站在一侧，手里抱着他们的儿子查理•路易（Charles-Louis）。1801年，拿破仑指定路易王子为伊特鲁里亚国国王（roi d'Étrurie），这个王国是同一年在托斯卡纳大公国领土上建立起的一个新王国。路易王子两年之后在王国首都佛罗伦萨去世。

戈雅与《幻想曲》

戈雅的雕刻最具个人风格。创作于1799年的《狂想曲》组画（Caprices）对他所处时代的各种恶习进行了辛辣的讽刺。

《幻想曲之23：那些灰尘》（Nº23. Aquelles polvos） 宗教法庭是启蒙运动的敌人，也是戈雅最喜欢抨击的对象之一，他在这幅画中揭示了火刑的残酷以及“一群神甫和愚蠢的信徒们”。

《幻想曲之25：他打碎了水罐》（Nº25. Si quebro el cántaro） 在这幅雕刻画中，戈雅批评了在儿童教育中使用暴力，他还认为无须用体罚来矫正过错。

政者，他将王权扩展至西班牙王国的各个角落。1766 年，耶稣会士被驱逐出西班牙本土，随后又被驱逐出殖民地。这使得西班牙改革得以延伸至教育体系和大学系统。从 18 世纪 80 年代起，在法国和英国实证科学的影响下，一股关于好奇的新思潮突破重围涌进大学校园，尤其在萨拉曼卡。政府开设中等教育机构，改革药剂师学院和外科学院。

西班牙开办了一些旨在吸引新兴精英的经济学会，以此促进思想自由交流，推进知识现代化。这项举措以法国和大不列颠的研究会和科学学会为蓝本，最初仅限于巴斯克地区，但 1744 年坎波马内斯通过其著作《论促进流行产业》（*Discours sur l'encouragement de l'industrie populaire*）将这一模式推广至全国。在这部著作中，卡斯蒂利亚议会主席（le Conseil de Castille）鼓励有识之士在全国范围内组织“知识学会”（sociétés de savoir），将其所学用于公共利益，以此推动国家经济发展。1788 年查理三世去世，当时的西班牙共计有 70 个学会，这种趋势很快便传到了殖民地，如马尼拉、利马（Lima）和哈瓦那。

1763 年七年战争结束，美洲殖民地开始实施改革政策。最引人注目的事件之一便是设立“美洲管辖区”（intendances américaines），部分代替之前的总督职权，以此改善土地开发的状况，改革殖民地军队，禁止印第安人分配土地（repartimiento de indios），迫使印第安人高价购买土地。重构财政体系，许多受过良好教育的行政人员加入印度议会。此外，西班牙失去加的斯港口的控制权后，美洲殖民地和西班牙其他港口之间的贸易增多。

奥地利约瑟夫二世统治时期

约瑟夫二世和查理三世一样，常被认为是典型的开明君主。他是女皇玛丽娅·特蕾莎的长子，1765 年至 1780 年他与母亲共同执政，1780 年至 1790 年是其亲政时期。

奥地利大部分改革策略由玛丽娅·特蕾莎发起，但其中最重要的改革是在约瑟夫二世亲政时期实施的。玛丽娅·特蕾莎赞同改革很大程度上是受形势所迫，而不是坚信改革是强国之路。约瑟夫二世则和欧洲其他君主一样，尝试用改良主义的原则治理国家。

约瑟夫二世即位时，哈布斯堡帝国盘踞欧洲中部，包括奥地利各行省、蒂罗尔（Tyrol）、波希米亚王国（波希米亚、摩拉维亚，以及被普鲁士并吞的西里西亚）、匈牙利王国（1700 年被土耳其人占领）和特兰西瓦尼亚。此外，还拥有尼德兰的一部分领土及意大利北部的伦巴第（Lombardie）和托斯卡纳（Toscane）。辽阔的领土和多民族的人口结构形成了多元化的社会。帝国在各地都设有权力机关，由当地权贵负责，而他们对于皇帝的新政不感兴趣。鉴于德意志神圣罗马帝国各省份多民族多人口的特质，历代君主都会和当地权贵协商治理，各省份采用不同的法规，从而导致帝国的统治存在诸多不稳定性。

除了多民族和法规庞杂，宗教问题也由来已久。天主教、加尔文教和路德教的教区分布在帝国各地。这就是为什么意大利北部更愿意接受宗教改革，而德意志则更倾向于普鲁士的重商主义政策。

在军事方面，帝国军队在三十年战争和西班牙王位继承战中屡遭失败。1730 年，先是被土耳其人击败，10 年后又再次败北普鲁士，多次战场失利使帝国遍体鳞伤。其实，除了国家尊严在屡战屡败中几乎丧失殆尽，帝国也险些因此万劫不复。普鲁士侵占西里西亚，使帝国失去了重要的制造业基地，也是其主要收入来源之一。此外，在税收方面，国家财政体系和地方税收制度之间的冲突有损国家权威。事实上，地方财政一直把持征税权，而帝国对此束手无策。

玛丽娅・特蕾莎统治时期，由弗雷德里克・纪尧姆・德・豪格维茨伯爵（Frédéric Guillaume de Haugwitz）主理国务，他是西里西亚的前行政官，支持重商主义，最初的政治及财政集权改革正是由他开始的；此项改革旨在创建一支超 10 万人的军队。帝国之痛源于失败的对外政策，而这是因其内政混乱造成的。如今要扭转局面，就必须更理性地利用现有资源，比如集中管理土地资源，以此改善国家军力。这样便能夺回在战争中失去的领土，重振国内经济。

为了落实这些政策，豪格维茨首相在帝国各地设立“议会”（Deputationen），以此巩固中央集权，削弱地方当局。1749 年，爆发了一场被认为由政府主使的革

奥匈帝国的开明君主：约瑟夫二世

约瑟夫二世具有启蒙运动理性哲学思想，他也是开明君主的典范之一，在其改革计划中他坚决反对教会和贵族。作为音乐和艺术爱好者，他把维也纳变成了欧洲文化之都。

在其母玛丽娅·特蕾莎逝世后的10年间，约瑟夫二世致力于用专制政策来改造帝国。用一句话来概括他所采取的措施就是“君主是国家的象征，每个人都有义务为国家服务”。约瑟夫二世为了将帝国内部的各公国统一起来，采取了一系列改革措施，例如实行中央集权制，限制地方政府的自主权，把德语作为帝国的官方语言，规定帝国首都是维也纳，而这些改革措施引起了匈牙利和波希米亚的激烈反抗。1781年，国王还颁布了令教会十分恼火的朝拜自由法令，废除农奴制以及取消死刑等一系列措施。在个人生活方面，国王抵制宫廷中一切华而不实的风气，把音乐和戏剧作为自己唯一的消遣活动，过着一种简单而勤勉的生活。

插图　安东·格拉西的陶瓷作品，描绘了雅典娜半身像旁的约瑟夫二世。

命，以此为契机，政府试图改革财政体系，改革的重点就是向贵族阶层征税，以往可以免税的地方显贵尢一幸免，比如匈牙利、特兰西瓦尼亚、奥属尼德兰（今比利时和卢森堡）以及伦巴第。

1760 年以来，奥地利多次企图夺回西里西亚，都无功而返，以致国库空虚，使得变革中的政府备受打击。奥地利参照普鲁士模式试图改革经济、教育和军队，然而，1749 年新创立的国务委员会（Staartra）代替了豪格维茨设立的代表机构，此后政府改革的意愿便逐渐消沉。18 世纪 60 年代官房学派理念盛行，

发展了国内自由贸易区，而发展贸易区必然要革新财政体系，改善运输工具。

司法体系改革也在进行中，这项改革不仅包含民法和刑法，还需兼顾司法集权和各地势力间的协调。1766 年和 1769 年，先后颁布了《特蕾莎法典》（*Codex Theresianus*）和《特蕾莎·涅莫西斯法典》（*la Nemesis Theresiana*），或称《特蕾莎刑法典》（*Constitution criminalis Theresiana*）。这两部法典旨在统一各地司法职权，部分满足贵族、地方权贵以及教会的财政利益。德意志神圣罗马帝国于 1776 年

教会和哈布斯堡家族

奥匈帝国是传统的天主教国家，但在约瑟夫二世执政的最后几年间，哈布斯堡王朝的宗教政策发生突变，约瑟夫二世下令关闭了 700 多所修道院。梅尔克的本笃会修道院（L'abbaye bénédictine de Melk）由于其在教会的威望才幸免于难。

插图 梅尔克的本笃会修道院图书馆大厅，室内壁画由洛可可画家保罗·特罗格（Paul Troger）所绘。

约瑟夫二世推进土地改革

开明君主制的伟大目标之一是革新植根于中世纪继承制的土地经济，并使之现代化。约瑟夫二世也不例外，这便引起了上层贵族的强烈反对。

国王推行的土地改革目的是更好地开发农业资源，但是这却损害了拥有大量土地的贵族和教会的利益。但约瑟夫二世改革的决心非常坚定：1781年，他废除了波希米亚实行的农奴制。农奴仍然要服从和尊重他们的领主，但同时还可以进行一些私人活动，比如，嫁娶、出借、买卖或抵押土地，甚至放弃这些土地，并且没有封建义务再去帮助他们的领主耕地和干家务活。显然，对于这些会削弱他们的经济实力和影响社会地位的措施，贵族们表示强烈不满，但约瑟夫二世并没有因此退让。恰恰相反，领主的行政区和司法权被剥夺，中央集权得到了加强。这些改革措施也很快取得了丰硕的成果：农民的负担减少了，国家实行的保护主义措施使得农业生产量迅速增长。

插图 这幅油画描绘了在摩拉维亚（Moravie）的约瑟夫二世对斯拉夫科维采村（Slavíkovice）的农活十分感兴趣，该画作者不详，现藏于维也纳的卡尔普拉茨博物馆（Wien Museum Karlplatz, Vienne）。

废除酷刑，1787年，约瑟夫二世颁布《民法大典》（*Code général, Alleghenies Gesetzbuch*），在帝国全境废除死刑。

18世纪80年代，正值约瑟夫二世亲政，他下令加大力度管控教会事务。尽管帝国的天主教派坚决反对改革，玛丽娅·特蕾莎女皇也是个虔诚的教徒，但在她执政时期，教会已进行了几项重大改革。“约瑟夫主义”（joséphisme），是指在哈布斯堡变革宗教的尝试，具体表现在1773年取缔耶稣团体，冉森教传入国内，意大利历史学家卢多

维克・穆拉托里（Ludovic Muratori，1672—1750 年）对帝国的影响。鉴于宗教仪式众多且事务庞杂，再加之教会极其排斥如法国启蒙运动之类的新思潮，这位历史学家提出一种较为私密的弥撒形式，可以避免教会深陷卖弄或奢华的诟病，尽管皇帝是天主教徒，但面对新思潮对于宗教的冲击，他采取了相对宽容的态度。1781 年，他颁布了宽容特许令（édit de tolérance），由此大大改善了帝国境内新教徒的处境，法令甚至还涉及犹太人。

约瑟夫二世为了落实改革政策，不得不撤销大部分的地方特权，从而导致 18 世纪 90 年代多地爆发叛乱。

国王和哲学家

乔治·舒贝尔（Georg Schöbel）1900年创作的石版画，描绘了弗里德里希二世在伏尔泰的陪同下在无忧宫散步。既是君臣，亦是师徒，两人间这种热烈而不乏痛苦的关系维系了很长一段时间。当弗里德里希还只是普鲁士太子时，两人便开始通信，长达40多年。信奉理性和自由的哲学家作为领取年金的内侍在普鲁士宫廷度过了几年的时间。尽管1753年两人因争论而分道扬镳，但他们一直保持着通信。

普鲁士弗里德里希二世统治时期

弗里德里希二世的许多开明思想都来自普鲁士的传统。他在回忆录《我的时代》（*Histoire de mon temps*）中曾提到，其父亲弗里德里希·纪尧姆一世在位期间为普鲁士日后的称霸奠定了坚实的基础。

弗里德里希二世被誉为“哲学国王”（roi philosophe），他即位时，行政和财政已实现集权制，征兵制度和军需补给也已拥有一套相

对完整的规章制度。弗里德里希·纪尧姆一世在其统治时期，改革财政体系，充盈国库，建立起一支最训练有素的军队，他也因此被称为“军曹国王”（Roi-Sergent）。他提倡重商主义，采取贸易保护主义政策，推进教育改革，废除奴隶制，创办义务基础教育。

弗里德里希二世28岁登上王位，即位之前他行事荒诞，引发过严重的家族冲突。他曾试图逃离家族的控制，以此逃避继承王位和政治

波茨坦新宫

1763年，弗里德里希二世为了庆祝普鲁士在七年战争中获胜而下令新建波茨坦新宫（Neues Palais），宫殿位于无忧宫王家花园。波茨坦新宫是无忧宫中最大的巴洛克式宫殿，拥有200间房间、4个大厅和1个剧院，主要用于举办政府的官方活动。弗里德里希二世去世后，波茨坦新宫便被弃用了。

联姻。出逃失败后，他被父亲囚禁在昆斯特林（Küstrin）要塞，而陪他一起出逃的年轻人卡特（Katte）被处死，据说他和王子情谊笃深。

弗里德里希二世和其父亲不同，他有教养且举止高雅，在历史和哲学方面颇有造诣。在其整个统治时期，他结交了许多德国文化的代表人物，如哲学家莱布尼茨，此外还有不少法国思想家也成为其座上宾。他的图书馆拥有藏书三千多册，其中包括了现代哲学史上最伟大的著作。弗里德里希二世对笛卡儿（Descartes）、洛克和伏尔泰的著作如数家珍，1749 年至 1753 年期间，这些启蒙时期最伟大的哲学家被任命为宫廷侍从，在宫廷受到了国王的招待。他精通法语，甚至可以把当时德意志最杰出的哲学家克里斯蒂安·沃尔夫（Christian Wolff）的著作译成法语，沃尔夫曾被逐出哈雷大学（l'université de Halle），1723 年被判流放。他还写过不少政论，如《反马基雅维利》（*Anti-Machiavel*，1739 年）和《论政府的形式和君主的职责》（*Essai sur les formes de gouvernement et sur les devoirs des souverains*，1777 年）。沃尔夫创立了柏林科学院（Académie des sciences de Berlin），这个机构为普鲁士吸引了启蒙时期最伟大的几位法国思想家。除了伏尔泰，柏林宫廷还接待了皮埃尔·路易·莫罗·德·莫佩尔蒂（Pierre Louis Moreau de Maupertuis），他成为科学院的院长，雷纳尔神父（l'abbé Raynal），朱利安·奥弗雷·德·拉美特利（Julien Offray de La Mettrie），数学家兼哲学家达朗贝尔，作家兼政治家奥诺雷·加布里埃尔·里克蒂（Honoré Gabriel Riqueti），即米拉波伯爵（le comte de Mirabeau），他曾在弗里德里希统治时期写过一篇关于普鲁士君主制的论文。

正是出于这种公然反抗其父亲政治理念的意愿，弗里德里希二世把执政的重心转向国际事务而非国内政事。在内政方面，他终结了旧封建体制，继续推进中央集权制，同时维护贵族阶层的资源和影响力。在宗教信仰问题上，与其父亲相比，他秉持着更为开放的态度。在司法领域，他在位期间废除了酷刑和死刑。他和欧洲许多君主一样，深受伦巴第法学家切萨雷·贝卡里亚的影响，普鲁士国王对刑法进行了彻底的改革，其中规定重刑犯不再公开受刑，而是被私下处以绞刑。

在经济领域，革新财政体系和鼓励移民政策使得国力持续增强。开源节流，双管齐下，一方面控制预算，另一方面对私有产业和消费征税，此外，农业开垦成为公共投资项目。从国外引进农作物（土豆）和禽畜也促进了经济增长，实施移殖民政策，这些移殖民主要来自荷兰和弗里斯兰（Frise）。尽管侵占西里西亚引发了七年战争，但对于普鲁士经济也有其积极的一面，斯潘道（Spandau）的冶金工业从此有了充足的原材料产地。在贸易方面，弗里德里希二世采取了开放的保护主义政策，为此他设立了新的政府部门，创办皇家银行，其分行遍布全国。

尽管弗里德里希二世酷爱文学艺术，深受启蒙哲学的影响，但在他的统治下，普鲁士却成为欧洲军力最强的国家。普鲁士的人口在欧洲仅排在第 13 位，而其兵力则位居第 4。此外，参军成了跨越社会阶层的唯一途径，尽管贵族占据了军队的最高层职位，但平民仍可以通过努力获得中层职位。军队不再是国家的附属，而成了国家的主宰：在一个军事化的社会里，军国主义深刻影响了国家的政治理念和道德价值。

虽然是专制统治，但君主却把自己看作国家公仆，既不能玩忽职守，也不能逃避职责。此外，普鲁士公众享有一定的言论自由：尽管弗里德里希二世重现了雅典时期的斯巴达，但一些其他国家的禁书却可以在普鲁士流传。

弗里德里希二世遵照父亲的旨意，迎娶不伦瑞克-贝文的伊丽莎白-克里斯汀，但两人未留下子嗣，1786 年普鲁士国王去世，被后世尊为弗里德里希大帝（Frédéric le Grand）。微不足道的普鲁士-勃兰登堡公国在不到一百年的时间里人口增长了 4 倍，领土扩张了 2 倍，成为当时欧洲列强之一。

俄罗斯叶卡捷琳娜二世统治时期

1725 年，彼得一世，即彼得大帝逝世，1727 年，其妻叶卡捷琳娜一世去逝，之后沙皇家族的几位成员先后继位，先是彼得一世的孙子，称彼得二世（Pierre Ⅱ），1730 年死于梅毒，随后是彼得一世的侄女——安娜・伊凡诺娃（Anna Ivanovna），死于 1740 年。皇冠最终归于彼得一世的女儿——伊丽莎白（Élisabeth），她为其侄子物色了一位德意志公主——索菲・德・安哈尔特・泽尔布斯特（Sophie d'Anhalt-Zerbst）（未来的叶卡捷琳娜二世），1762 年伊丽莎白的侄子即位，称彼得三世。

彼得三世采取了亲普鲁士的政策，引进路德教，意图向丹麦宣战，退出七年战

女皇及文艺活动资助者：俄罗斯叶卡捷琳娜二世

彼得一世在位期间对俄国进行了现代化和西化改革，这项工作在叶卡捷琳娜二世时期得到进一步推进，而且改革不仅仅涉及政府行政，还包括文化领域。

叶卡捷琳娜大帝向来不掩饰她对俄罗斯传统的不屑，其中也包括俄罗斯的艺术，她将皇宫设在圣彼得堡，这是一座面向西欧的国际都市。她与伟大的启蒙思想家狄德罗、伏尔泰一直有书信往来，由此女皇深受启发，决意在宗教和教育领域践行启蒙思想。此外，她收藏了一系列艺术品，这些艺术品能令任何欧洲王室羡慕不已，她还积极赞助音乐事业。女皇邀请了一些意大利著名歌剧家来圣彼得堡演出，其中有多梅尼科·奇马罗萨（Domenico Cimarosa）和来自瓦伦西亚的文森特·马丁·索勒（Vincent Martin y Soler），后者成为宫廷乐师，他以女皇的脚本为基础创作了俄语歌剧《不幸的英雄科斯梅托维奇》（*Infortuné héros Kosmetovich*，1789年）。

插图　上图：老约翰·巴蒂斯·冯·兰皮（Johann Baptist von Lampi l'Ancien）所绘的叶卡捷琳娜大帝，现被因斯布鲁克的安布拉斯城堡收藏（château d'Ambras, Innsbruck）；右图：叶卡捷琳娜二世的皇冠。

争的联盟，或许是因其缺乏执政才能，加之他一直想摆脱叶卡捷琳娜，这一切都加速了他的灭亡。

叶卡捷琳娜在情人格里高利·奥尔洛夫（Grigori Orlon）的帮助下，将丈夫送至圣彼得堡（Saint-Pétersbourg），在那里他被刺杀身亡。这丝毫不令人惊奇，只要想想 1721 年，沙皇彼得一世因怀疑其子亚历克西斯（Alexis）叛变，便将其逮捕，折磨致死。1762 年，叶卡捷琳娜在圣彼得堡大教堂加冕女皇，称叶卡捷琳娜二世，她保证会为国鞠躬尽瘁。

从 1725 年（彼得一世逝世）至 1762 年（叶卡捷琳娜二世登上皇位），俄国有过 6 个沙皇，包括一个年仅 12 岁的男孩（彼得二世）和一个尚在襁褓中的婴儿（伊凡六世，Ivan Ⅵ）。直到新女皇即位，俄国才得以继续彼得一世的扩张政策和政治改革。俄国决定在经济方面参照普鲁士的官房学派体系，军事方面则以瑞典为模板。18 世纪后半叶，俄国积极开疆扩土，向西侵占波兰的克里米亚（Crimée），向南推至黑海，再加之与国内贵族结盟推行集权制，俄罗斯帝国开始迈入欧洲强国之列。塞瓦斯托波尔（Sébastopol）和敖德萨（Odessa）这两座城市正是在这个时期建立起来的。

与彼得一世的执政方针一脉相承，叶卡捷琳娜二世极力限制教会的权力，为此采取了一系列措施，如控制教会的财产和领地，增加其赋税，以及撤销修道院。除了对内加强集权制，对外积极扩张，新女皇继续推进俄国融入欧洲，弱化其曾经的亚洲背景。

控制广袤领土的唯一方法便是建立一个由各级省份组成的密集行政网络。和普鲁士、法国以及哈布斯堡帝国不同，俄国精英阶层对国家毫无责任感，更谈不上对沙皇忠诚。由此，1730 年至 1740 年间，俄国只是因其地处偏远才免于他国侵略。彼得一世曾试图绕过当地贵族插手经济活动和司法事务，也曾力图施行财政集权制，改革军队。最后，他颁布了一部涉及民法和刑法的法典，即《总条例》（*Réglementation générale*）。

叶卡捷琳娜二世登上皇位后，继续推进集权制和改革政策。参政会（le Sénat），

幽居之宫（L'Ermitage）

冬宫的主楼梯是这座建筑最令人赞叹的地方，冬宫曾遭遇大火，之后由弗朗切斯科·巴托洛梅奥·拉斯特雷利（Francesco Bartolomeo Rastrelli）主持重建，叶卡捷琳娜二世下令改造并扩建冬宫用来收藏艺术品，这便是今艾尔米塔什博物馆的前身。

即地方代表议会（chambre de représentation territoriale），下设 6 个行政部门，从而失去了其原有的一些职能，权力也被相应削弱。1775 年的行政改革，全国被分为 50 个省份，各级省份下设区，每个省份由沙皇直接任命总督管理。此外，政府颁布了《贵族宪章》（*Charte de la noblesse*），承认贵族享有继承权、免税权和土地所有权，以及对贸易和工业具有垄断权，且继续维持农奴制。

俄国完全参照弗里德里希二世在普鲁士推行的改革，以此实施俄国的重建计划，叶卡捷琳娜二世喜爱哲学、科学和艺术，自诩为一位开明的沙皇。叶卡捷琳娜二世执政时期的两份政府文件，《声明》

（*Mainifeste*，1762 年）和《圣谕》（*Instruction*，1767 年）都显示出这位女沙皇深受启蒙运动影响，尤其是受孟德斯鸠的影响；此外，正是由于女皇的资助，冬宫才得以成为博物馆，即现今艾尔米塔什博物馆（le musée de l'Ermitage）。

和弗里德里希二世一样，叶卡捷琳娜二世也邀请了不少哲学家来到圣彼得堡宫廷，还招待了许多作家、艺术家和法学家。1766 年，达朗贝尔翻译了意大利法学家切萨雷·贝卡里亚的《论犯罪与刑罚》，伏尔泰读了法文版后发表了一篇评论。女皇对这篇评论印象深刻，随即下令改革俄国的司法体系。狄德罗也曾不远千里亲自拜访过女皇，当时法国雕塑家埃蒂安·法尔科内正在圣彼得堡创作著名的彼得一世骑马雕像，即《彼得大帝青铜骑士像》（*Monument à Pierre le Grand*）。

叶卡捷琳娜二世热爱人文艺术，但也因其情人众多而备受争议。虽然俄国没有实施《萨利克法典》，但是在 18 世纪的欧洲，那些掌权的女人都被认为是淫荡的，她们对社会稳定是一种威胁。奥地利女皇玛丽娅·特蕾莎也遭到过同样的非议，而她的女儿，即路易十六的妻子——玛丽·安托瓦内特也未能幸免。叶卡捷琳娜二世有好几个私生子。而她此生唯一的挚爱却只有格里高利·波特金（Grigori Potemkine），1774 年两人秘密结婚。

档案：音乐的黄金时代和欧洲宫廷生活

18 世纪是巴洛克晚期和古典主义时期，这两种艺术流派促进了音乐向公众开放，同时也有助于歌剧和交响乐的兴起。

欧忒耳佩的胜利

音乐的缪斯，即欧忒耳佩（Euterpe），或称“令人愉悦的女神”，在 18 世纪尤其受到贵族阶层的青睐。插图：老约翰·海因里希·蒂施拜因（Johann Heinrich Tischbein l'Ancien）创作的欧忒耳佩，由卡赛尔新美术馆藏（Neue Galerie, Kassel）。

1752 年，意大利作曲家乔瓦尼·巴蒂斯塔·佩尔戈莱西（Jean-Baptiste Pergolèse）创作的喜剧幕间剧《女

吹笛子的国王 被称为“国王音乐家”，弗里德里希二世是著名的作曲家兼笛子演奏家。上图为阿道夫·冯·门采尔（Adolph von Mendel）创作的油画（1850），画上描绘了弗里德里希大帝在无忧宫举办的笛子演奏会（柏林国立美术馆藏）(Alte Nationalgalerie, Berlin)。

仆作夫人》（*La Servante maîtresse*，1733 年）在巴黎演出，法国文化界由此掀起了一场论战。这场关于“小丑们的闹剧”（querelle des bouffons）将让·菲利普·拉莫（Jean-Philippe Rameau，1683—1764 年）为代表的法国歌剧与意大利歌剧对立起来，而意大利歌剧最大的支持者便是当时的

十八世纪伟大的作曲家

1687—1741年

安东尼奥·维瓦尔第 他对18世纪所有的音乐风格都有所涉猎，最终凭借小提琴协奏曲闻名于世。

1683—1764年

让·菲利普·拉莫 他在50岁时作为歌剧作曲家而声名大噪，此后，他又创作了30多部歌剧。

1685—1750年

约翰·塞巴斯蒂安·巴赫 凭借着高超的技艺和优美的曲风，他的作品成为音乐史上的不朽经典。

1685—1759年

乔治·弗里德里希·亨德尔 这位旅居各国的音乐家以意大利正歌剧和清唱剧享誉英国音乐界。

1732—1890年

约瑟夫·海顿 他完善了交响乐和弦乐四重奏，并为这两种音乐形式确立规范。

1756—1791年

沃尔夫冈·阿玛多伊斯·莫扎特 从歌剧到协奏曲，这位天才作曲家无不精通。

1770—1827年

路德维希·凡·贝多芬 他的作品继承了海顿和莫扎特的音乐传统，又预示了浪漫主义时代的来临。

斯特拉迪瓦里斯 18 世纪诞生了一批伟大的弦乐器制造者，如安东尼奥·斯特拉迪瓦里（Antonio Stradivari），又称斯特拉迪瓦里斯（Stradivarius）。上图为著名的斯特拉迪瓦里小提琴。

哲学家和作曲家——让-雅克·卢梭（Jean-Jaques Rousseau）。这不是一个简单的美学问题，宫廷甚至为此分化成两派：路易十五和蓬帕杜夫人支持法国歌剧，玛丽·莱什琴斯卡王后（Marie Leszczynska）则站在意大利歌剧这边。这是两种音乐艺术概念的碰撞：一方是传统主义者，他们主张和谐与理性的表达是作曲的基石；另一方则以卢梭为代表，认为无须理会和谐的规则，旋律才是音乐唯一的本质。这种观点最先出自佩尔戈莱西的一部作品，它奏响了音乐风格变革的序曲。这场争论象征着两个时期之间的过渡：巴洛克已是过去时，而古典主义正在酝酿中。约翰·塞巴斯蒂安·巴赫刚去世不久（1750 年），乔治·弗里德里希·亨德尔失明后便隐退了，20 岁的约瑟夫·海顿刚涉足作曲领域，沃尔夫冈·阿玛多伊斯·莫扎特快要出生了（1756 年）。

从社会角度和音乐技艺而言，巴洛克和古典主义所属的世纪在音乐史上占据着极其重要的地位。这个时期的有声艺术极具影响力，其传播面之广前所未有。从王室对音乐的重视便可见一斑。路易十四有专职乐师负责用音乐彰显宫廷的宏伟，他自己也参加芭蕾表演。利奥波德一世也不例外，他在维也纳接待来自意大利和德意志的作曲家，他自己也试着作曲。弗里德里希二世也是如此，他为自己的乐器笛子创作奏鸣曲，还资助了音乐家约翰·约阿希姆·匡茨（Johann Joachim Quantz）和卡尔·菲利普·埃玛努埃尔·巴赫（Carl Philippe Emanuel Bach）。这两位音乐家的创作风格优雅，可谓是古典主义的先驱。君主的影响力不出意外地延伸至贵族阶层和新兴资产阶级，在这两个阶层中，音乐知识和乐器演奏是良好教育中不可或缺的一部分。

18 世纪音乐的普及和推广达到前所未有的程度：以前只能去教堂或爱好音乐的富人家里享受音乐，而第一批公共剧院的开业很快便使得公众得以聆听到由音乐协会举办的一系列音乐会。几年之后，随着王室、贵族和教会减少音乐赞助，剧院效应进一步扩大：比如，1725 年直至法国大革命期间在巴黎举办了一系列宗教音乐会；1781 年落成的莱比锡布商大厦音乐厅（Gewandhaus de Leipzig），一直留存至今。

音乐需求的增长促进了音乐总谱（和盗版）的发展；乐评和音乐类专业期刊

开明时期宫廷艺术生活的中心：剧院

17 世纪初歌剧在佛罗伦萨诞生后，便成了历代君主最偏好的音乐类型，他们用歌剧来彰显君主的权力和威严。他们下令建造拥有最巧妙舞台装置的剧院，并召集当时最伟大的作曲家、诗人和歌唱家，以便于王宫贵族欣赏歌剧。一些巴洛克式的宫廷剧院保存至今，仍然举办演出，比如，瑞典的德洛特宁霍姆剧院（théâtre de la cour de Drottningholm, Suède）、捷克的克鲁姆洛夫剧院（théâtre du château de Ceský Krumlov, République tchèque）、德国的拜罗伊特侯爵歌剧院（Opéra margravial de Bayreuth, Allemagne）、德国慕尼黑的库维利剧院（théâtre Cuvilliés à Munich, Allemagne）和法国的凡尔赛皇家歌剧院（Opéra Royal de Versailles, France）。有些戏剧演出耗费巨大，例如，威尼斯人彼得罗・安东尼奥・切斯蒂（Pietro Antonio Cesti）的《金苹果》（*Il pomod'Oro*），首演于 1668 年，利奥波德一世为此专门命人建造露天剧院。相比于《金苹果》里的 50 多位演员和 20 多幕场景，1662 年马扎然主教命弗兰切斯科・卡瓦利（Francesco Cavalli）创作的《恋爱中的埃尔库勒》（*Hercule amoureux*）就显得十分简朴了，太阳王路易十四也在剧中表演舞蹈。

插图 上图：18 世纪中叶普鲁士的威廉米娜女侯爵（Wilhelmine）命人建造的拜罗伊特侯爵歌剧院；左图：德国波茨坦无忧宫里中国馆的雕塑。

的问世使得公众更加关注音乐艺术，而围绕作品及其作曲家的论战进一步促进了音乐的发展。1711 年，约瑟夫·艾迪生创立期刊《旁观者》(*The Spectator*)，他坚称要反对由亨德尔在英格兰倡导的意大利歌剧。1722 年，约翰·马特松（Johann Matteson）出版了第一部德语音乐评论期刊，即《音乐批评》(*Critica musica*)。

伟大形式的飞跃

巴洛克和古典主义的音乐贡献不胜枚举。它们的发展使得音调更为丰富，形成了一个声音组织系统，从而巩固了整个西方音乐创作，直至 20 世纪的先锋派音乐。此外，还促生了声乐和器乐的主要形式，由此产生了之后的浪漫主义，其特点一直延续至 20 世纪。这种声学与表现形式的结合成就了一批著名作曲家，他们的作品至今仍是各大剧团的保留曲目。

巴洛克风格的起源可追溯至意大利。雅各布·佩里（Jacobo Péri）的《尤里狄茜》(*Eurydice*，1600 年）和克洛迪奥·蒙特威尔第（Claudio Monteverdi）的《奥菲欧》(*Orfeo*，1670 年）进行了一场改编自古希腊拉丁语的歌唱戏剧尝试，由此歌剧在意大利诞生。这种革命性的创新摒弃了严格的多声部，让位于由器乐伴奏的独唱。一个世纪之后，亚历山德罗·斯卡拉蒂（Alessandro Scarlatti）在那不勒斯首创了巴洛克歌剧：正歌剧（l'opera serai），其特点是取材于神话故事和古老传说，结构基于富含戏剧性的宣叙调和咏叹调，由观众钟爱的女高音和阉伶（男孩在青春期前进行阉割手术，以此保留孩童时期清澈的音色，但仍具有成年人的爆发力）演唱。在奥地利和意大利，正歌剧成为君主举行大型庆祝活动的首选；1791 年利奥波德二世加冕波希米亚王位之际，首演了莫扎特的《狄托的仁慈》(*La Clémence de Titus*)，庆祝国王登基。在声乐方面，清唱剧和大合唱也源自意大利，清唱剧结构和正歌剧相似，但题材偏向于宗教主题，戏剧性偏弱；大合唱的乐曲包含了几个咏叹调，主题是宗教或非宗教的，并伴有宣叙调。器乐曲也在意大利发展起来。作为器乐曲的先驱，阿坎格洛·科雷利（Arcangelo Corelli）始创了巴洛克时期最具风格的两种音乐形式——奏鸣曲和大协奏曲，一部作品被分为几个乐章，形式

巴赫，巴洛克风格的集大成者

1740 年，作曲家兼批评家约翰·马修森（Johann Mattheson）发表了当时最重要的 149 位作曲家的传略。这份列表中提及了乔治·弗里德里希·亨德尔、乔治·菲利普·泰勒曼，但却没有约翰·塞巴斯蒂安·巴赫。尽管今天巴赫被认为是最伟大的音乐家之一，但是他在当时并没有什么名气。因为他一生都没有走出过德国，生前只发表了几首作品，他也没有创作歌剧，而歌剧在当时广受上流社会喜爱，最能给作曲家带来名气。巴赫的名气仅来自作为管风琴演奏家的才能，他的作品稍显保守，过于执着于德国传统的对位技法。这种批评是有一定道理的，因为巴赫从来就不是一位先驱。他的功绩在于把德国传统的对位技法与法国古钢琴和意大利弦乐结合起来，这主要得益于他在魏玛宫廷的经历。这种结合创造性地汇集了巴洛克音乐的各种元素，也包括最具对抗性的元素，从而产生了富有想象力且和谐的作品，莫扎特对此也有所借鉴。

插图　埃里亚斯·戈特洛布·豪斯曼（Elias Gottlob Haussmann）所绘的巴赫像，现由莱比锡的阿尔特市政厅保管（Alte Rathaus, Leipzig）。

上就像独奏乐器组（concertino）和协奏部或整个乐团间的一场对谈（ripieno ou tutti）。威尼斯人托马索·阿尔比诺尼（Tomaso Albinoni）和安东尼奥·维瓦尔第首创了独奏协奏曲，并将这一音乐形式推向极致。

正是来到意大利的外国作曲家和去往别国的意大利作曲家使得歌剧和新的器乐曲在欧洲大陆盛行起来。此外，还有另外两种个性鲜明的音乐流派：法国派和德国派。在法国，马扎然主教想把意大利正歌剧引入法国宫廷，最后却以失败告终，讽刺的是，最终上演的这部歌剧出自一位入法国籍的意大利作曲家——让-巴蒂斯特·吕利（Jean-Baptiste Lully）。这是一部抒情悲剧，它突出了管弦乐队，减少咏叹调和宣叙调，在台上插入舞蹈表演，这使得歌剧成为一种混合艺术形式，歌剧-芭蕾舞剧，非常契合法国宫廷的特点。拉莫继续了吕利的尝试，创作了《殷勤的印度人》（*Les Indes galantes*，1735 年）、《卡斯托与波鲁克思》（*Castor et Pollux*，1737 年）和《一大盘》（*Platée*，1745 年）等作品。还有一种多产的器乐流派也诞生在法国，用它创作的乐曲精致优雅且主题丰富，羽管键琴是其中的佼佼者，弗朗索瓦·库普兰（François Couperin）是最杰出的代表。在宗教音乐方面，马克·安托瓦·夏庞蒂埃（Marc-Antoine Charpentier）和米歇尔·理查·德拉兰德（Michel Richard Delalande）用音乐为太阳王的宫廷增添了庄严感，德拉兰德之所以被载入史册，是因为他为国王的夜宵谱曲。

在德国，巴洛克音乐的领军人物是乔治·弗里德里希·亨德尔和约翰·塞巴斯蒂安·巴赫。两位大师都出生于 1685 年，他们在音乐生涯早期都是管风琴演奏家，之后便走上了音乐变革之路。1705 年，亨德尔创作了第一部歌剧《阿尔米拉》（*Almira*），1706 年赴意大利之后，他便全身心地投入歌剧的创作中。意大利的正歌剧和大型音乐会令亨德尔沉醉，在之后的创作中，他开始使用更富音乐性的意大利语作为歌剧语言，1712 年他移居英国，也把意大利语歌剧带到了英国。《尤里乌斯·恺撒》（*Julio Cesare*，1724 年）、《塔麦诺拉》（*Tamerlane*，1724 年）和《阿尔辛娜》（*Alcina*，1735 年）给亨德尔带来了财富和声望，而清唱剧《弥赛亚》（*Le Messie*，1741 年）则再次让他登上了音乐事业的顶峰。尽管巴赫没有去意大利，但他的羽管键琴协奏曲却具有意大利的风格，而他创作的组曲则受到了法国的影响，在序曲之前会附上一段极具风格的舞蹈。巴赫对于管风琴和羽管键琴的影响十分深远，在他创作的宗教音乐中主要有大合唱，以及为莱比锡圣托马斯教堂创作的《耶稣受难曲》（*Passions*），他时任该教堂的唱诗班指挥。

欧洲其他音乐中心都略逊于法国和德国。在亨德尔来到英国之前，英国音乐界的代表人物是亨利·普赛尔（Henry Pucell），他的创作介于戏剧和歌剧之间，主要作品有《仙后》（*The Fairy Queen*，1692 年）和《狄多和埃涅阿斯》（*Dido and Aeneas*，1689 年）。18 世纪上半叶，何塞·德·内布拉（José de Nebra）和安东尼奥·德·莱特雷斯（Antonio de Literes）在西班牙试图创作一种民族歌剧，但最终未能成功。然而西班牙还是产生了一种器乐流派，这要归功于斐迪南六世的宫廷乐师，即意大利人多梅尼科·斯卡拉蒂德（Domenico Scarlatti），在他的支持下西班牙音乐家创作了许多短篇奏鸣曲，给安东尼奥·索勒·伊拉莫斯（Antonio Soler y Ramos）神父等音乐家留下了深刻的印象。

一种全新的感受

18 世纪中叶，巴洛克音乐，尤其是正歌剧，开始初显衰落的迹象。佩尔戈莱希的《女仆作夫人》率先掀起了变革之风。但最终是克里斯托弗·威利巴尔德·格鲁克（Christoph Willibald Glück）在创作中表达了这种重要的转变，他在作品《奥菲欧与尤丽狄茜》（*Oreo ed Eurydice*，1762 年）中试图进行彻底的变革。歌剧中的日常人物和清新乐风吸引了品位日益文雅的公众，他们毫不犹豫地舍弃了由主人公演唱的咏叹调。这是感受音乐变化的第一个迹象，在那场“小丑们的闹剧”中也见证了这个变化，这有利于滑稽歌剧在意大利的诞生，这是一种运用宣叙调引入更多变旋律的歌剧形式（开场的咏叹调类似通俗歌曲或二重唱），而且人物和情节让观众更有亲切感。在法国和德国，这种新的音乐风格优雅、简约且带有少许的感伤，这和巴洛克晚期严谨且专深的对位风格形成反差。约翰·塞巴斯蒂安·巴赫的两个儿子也融入了这场音乐变革中，卡尔·菲利普·埃玛努埃

莫扎特，一位追求自由的天才

诗人歌德说："莫扎特是无法解释的奇迹。"他说得对。沃尔夫冈·阿玛多伊斯·莫扎特1756年出生于奥地利萨尔茨堡，5岁创作出小步舞曲，8岁创作交响乐，12岁写了独幕歌唱剧《巴斯蒂安与巴斯蒂安娜》(*Bastien et Bastienne*)。他具有汲取那个时代各种音乐风格的天赋，这种天赋是在和父亲列奥波尔德·莫扎特(Leopold Mozart)旅行的路途中显现出来的，其父是萨尔茨堡(Salzbourg)教区礼拜堂的乐师。他们途经意大利、法国、荷兰、德国和英国，在旅途中，莫扎特接触到了各种民族风格的音乐，并且汇集和改善了几乎所有类型的乐曲。萨尔茨堡，这个外省城市已经无法为莫扎特提供更广阔的舞台了。1781年，莫扎特辞去萨尔茨堡的职务，以独立作曲家的身份来到音乐之都维也纳。尽管莫扎特初到维也纳时颇为顺利，他为维也纳宫廷创作的《后宫诱逃》(*L'Enlèvement au sérail*)，以及多场钢琴演奏会大获成功，然而，喜新厌旧的维也纳公众很快便对莫扎特失去了兴趣，而宫廷的音乐事务仍掌握在意大利人手中，如安东尼奥·萨列里(Antonio Salieri)，莫扎特只能获得徒有虚名的职位，且酬劳极低。但是，维也纳时期正是莫扎特创作的巅峰期，他完美地融合了内容与形式，技巧与情感。

插图 画家马丁·范·梅滕斯所作，在皇帝约瑟夫二世和帕尔马的伊莎贝拉的婚礼庆典上，4岁的莫扎特站在右侧，旁边是身穿白衣的大主教。现由维也纳美泉宫收藏。

尔·巴赫(他建议演奏时要满怀伤感，而且要尽可能地舒缓)和约翰·克里斯蒂安·巴赫(Jean-Chrétien Bach)创作的键盘协奏曲和歌剧都具有这种新的乐风，而约瑟夫·海顿即将以此乐风开启作曲生涯。

18世纪后半叶是一个推陈出新的时期，而维也纳正位于这场革新风暴的中心。此后，基于一种

神童 对莫扎特来说，幼年时的欧洲之旅让他了解了国际音乐界，也让世界为他而赞叹。1769 年至 1773 年这 4 年的意大利之行，并依次在罗马、那不勒斯、博洛尼亚（Bologne）和米兰作了短暂逗留，对莫扎特极具启发。

插图 14 岁的莫扎特，萨维里奥·达拉·罗莎（Saverio dalla Rosa）画于维罗纳（Vérone），藏于萨尔茨堡的莫扎特故居（maison de Mozart, Salzbourg）。

可超越国界的普世语言，乐风从此变得高贵、典雅又有趣；富有表现力，但有分寸；有技巧，但又没有陷入技巧的樊笼。巴洛克音乐的某些形式消失了，或逐渐衰落，如正歌剧，而另一些则逐渐转变为不同的音乐形式且极具生命力。交响乐就是这种情况，它源自意大利歌剧的序曲，此外，诸如独奏协奏曲、弦乐四重奏（最经典的音乐形式）以及由

弦乐四重奏之父 19 世纪匿名雕塑，描绘了约瑟夫·海顿在指挥弦乐四重奏，现由维也纳城市历史博物馆收藏（Historisches Museum der Stadt, Vienne）。

一个或两个乐器重奏的奏鸣曲，这些音乐形式的发展也如出一辙。18 世纪 40 年代，现代管弦乐队在曼海姆（Mannheim）选帝侯的宫廷诞生，而一种新的乐器——钢琴或称古钢琴，更是强势登场。之所以称为钢琴，是因为演奏者可以用或强或弱的方式来演奏，极具活力，这是羽管键琴无法企及的，于是钢琴很快便让其前身走向衰落。海顿是这次变革中的代表音乐家，他被称为弦乐四重奏和交响乐之父。尽管稍显过誉，但海顿的创作对于调整音乐形式和创立通用乐谱具有决定性的作用。海顿也创作歌剧、奏鸣曲、三重奏、协奏曲和弥撒曲，在 19 世纪最初的几年，他振兴了清唱剧，并令清唱剧走向巅峰。

海顿与莫扎特私交颇深，莫扎特是一位音乐天才，从意大利歌剧到巴赫的对位法，他能掌握任何形式的音乐，并能赋予其新的生命。他在滑稽歌剧（bouffe）和歌唱剧（sinspiel）领域享有盛誉，歌唱剧是德国歌剧，其特点是以音乐化的对白代替宣叙调的形式。莫扎特在音乐生涯早期便已创作出众多杰作，如《费加罗的婚礼》（*Les Noces de Figaro*，1786 年）、《唐璜》（*Don Giovanni*，1787 年）和《女人心》（*Cosi fan tutte*，1790 年），这些歌剧大大超越了滑稽歌剧，完美融合了戏剧情节和音乐。歌唱剧《魔笛》（*La Flûte enchantée*，1791 年）奠定了德国浪漫主义歌剧的基石。

浪漫主义时期

莫扎特的某些作品预示了从古典主义向感性浪漫主义的转变，尤其体现在节奏舒缓的钢琴协奏曲中，这和路德维希 · 凡 · 贝多芬（Ludwig van Beethoven）的风格颇为相似。贝多芬创作初期的作品已经背离了海顿和莫扎特的传统，但决定性的改变始于 1805 年的《第三交响曲》（*La Troisième symphonie*），即《英雄交响曲》（*Symphonie héroïque*）。作曲家已不再满足于根据预先设定的方案填上音符，而是试图把自己的情感直接传递给受众。在保留古典主义基本结构的前提下，此后贝多芬的每部作品都可以被看作唯一的，是基于个人的构建。而相较于海顿的 104 部交响曲，莫扎特的 41 部，贝多芬却只有 9 部交响作品。然而他的这 9 部交响曲，再加之 32 首钢琴奏鸣曲以及 17 首弦乐四重奏在音乐史上开启了一个全新的时期——浪漫主义时期。

更重要的是，贝多芬赢得了自由。之前的音乐家只期望能就职于宫廷、贵族家庭或是教会组织。巴赫和亨德尔无法摆脱这样的命运，海顿也不能，他的整个音乐生涯都任职于艾斯特哈奇宫廷（Esterházy），他不得不按照指示创作乐曲，从宫廷舞蹈到宗教音乐剧，还要为木偶戏创作歌剧。莫扎特和他的父亲一样，任职于萨尔茨堡总主教教区的唱诗班。之后他决定放弃这份安稳的工作，只身前往维也纳，挣脱所有的束缚，仅靠音乐养活自己。但这段独立的日子很短暂，在他生命最后的日子里深受疾病和债务的困扰。莫扎特没有做到的事情，贝多芬却做到了，他

路德维希·凡·贝多芬，浪漫主义之路

1792 年 11 月，一位来自波恩的年轻钢琴家兼作曲家满怀抱负地前往维也纳，打算跟随海顿学习。他叫路德维希·凡·贝多芬。帝国首都对他而言并不陌生，因为 5 年前他去那里拜访了他的偶像莫扎特，但这次他打算留在维也纳发展。贝多芬直到 1827 年去世前一直居住在维也纳，他最终在创作上获得了一定的自由。起初，他听从了华尔斯坦伯爵（comte Waldstein）在波恩时给他的建议："从海顿手中得到莫扎特的精神。"但贝多芬对法国大革命给当时社会带来的革新持开放态度，他自由地诠释了维也纳的这两位古典主义大师留下的音乐遗产。这种自由在《第三交响曲》，也称《英雄交响曲》（*Troisième symphonie, Symphonie héroïque*）和《第五交响曲》（*Ciquième symphonie*）中表现得尤为明显，这两首交响曲在形式上和内容上都有所创新，成为一部表现贝多芬的斗争、屈服和胜利的剧作。19 世纪初贝多芬开始饱受耳疾困扰，1815 年完全失聪，这使得作曲家在最后的创作期只能依靠只存在于头脑中的声音进行音乐创作。他的作品显得更为克制、抽象，彻底颠覆了古典主义的音乐形式，例如，他创作的最后几首钢琴奏鸣曲和弦乐四重奏，以及《第九交响曲》（*la Neuvième symphonie*），贝多芬为这首交响曲配上了席勒（Schiller）的诗歌《欢乐颂》（*Hymne à la joie*）。

继承者 对于恩斯特·西奥多·阿玛迪斯·霍夫曼（Ernst Théodore Amadeus Hoffmann）而言，浪漫主义英雄贝多芬的音乐"闪烁着害怕、惊恐、恐惧和痛苦，激发出无限的幻想，而这正是浪漫主义的本质"。但他最后的作品极具个人特色，以至于浪漫主义者都无从欣赏。

插图 G. 兰格里布（G. Landgrebe）创作的贝多芬半身像，柏林艺术和历史档案馆藏（Archiv für Kunst und Geschichte, Berlin）。

大师手稿 “好似一首幻想曲”（Quasi una fantasia）的升 C 小调第 14 号钢琴协奏曲手稿，亦称《月光曲》（*Clair de lune*），现由波恩的贝多芬故居藏（maison natale de Beethoven）。

在维也纳成为自由音乐人。这也是为什么贝多芬可以骄傲地对利奇诺夫斯基亲王（Lichnowsky）说：“亲王，你所拥有的只是来自你的出身，这纯属偶然，而我靠的是我自己。这世上不缺王公贵族，但这世上却只有一个贝多芬。”这是一个纯粹的浪漫主义个人宣言。

启蒙时期的科学

安托万·拉瓦锡（Antoine Lavoisier）和玛丽·安妮·拉瓦锡（Marie-Anne de Lavoisier），两人被称为现代化学的奠基人。雅克·路易·大卫（Jacques Louis David）于1788年创作，现被收藏在纽约大都会艺术博物馆（Metropolitan Museum of Art, New York）。

插图（右侧） 鼻烟盒上的伏尔泰细密画，约创作于1775年，现被伦敦华莱士收藏馆收藏（Wallace Collection, Londres）。

启蒙运动

启蒙运动是一场政治文化运动，旨在彻底改革旧制度的意识形态结构，这场运动主导了 18 世纪的思想界。基于科学的进步，开明之士将理性作为前进的动力，他们渴望在各自的专业领域里为更多人带来幸福。

在近代史的前几个世纪里，奥斯曼帝国无可厚非是一个强国。奥斯曼帝国一直存续到“一战”期间，以 1923 年土耳其共和国的成立而告亡，在这六百年间，西欧国家始终清醒地认识到这位伊斯兰邻居让它们又敬又畏。值得一提的是，奥斯曼帝国的建立意味着土耳其人和土耳其语取代了此前阿拉伯人和阿拉伯语在伊斯兰世界的统治。

“如果现在提出这样一个问题：我们如今生活在一个开明的时代吗？回答是：不，但我们生活在启蒙时期”，普鲁士哲学家伊曼努尔 · 康德（Emmanuel Kant）

在其著名的论文《回答这个问题：什么是启蒙？》(*Réponse à la question: qu'est-ce que les Lumières?*) 中这样写道，1783 年著名德语杂志《柏林月刊》(*Berlinische Monatsschrift*) 曾提出过这样的问题，康德的这篇文章也许可以作为对这个问题的回答。

对于康德而言，当时的欧洲还谈不上处于一个开明的时代，但正在走向“开明时代”。在历史的转变时期，对理性的信仰逐渐取代了旧有的宗教信仰。从历史神学的角度来看，神学将历史分为两个阶段，以上帝的儿子降临世间为分割的界线，启蒙时期的法国精神领袖自称为新时期的哲学家，他们认为自己是古希腊罗马精神理所应当的继承人，是捍卫理性对抗迷信和狂热主义的斗士。他们拒绝承认神圣文本中揭示的知识，他们坚定地信仰人性，想要探寻基于理性和意义的新知识形式。

当然，不是所有的“文坛”成员都是理性主义者，他们当中有许多人反对这种基于抽象思维的哲学体系。但他们中的大部分人相信理性批判是进步的工具。

批判应该用于反抗迷信和无知，终结毫无根据的传统准则，捍卫新的社会生活模式。开明之士不追寻虚幻的乌托邦，而是试图用理性服务于公共利益。启蒙时期不同地域不同领域的代表人物都赞同这个目标，其中就有主张改革刑法体系的伦巴第法学家切萨雷·贝卡里亚；现代政治经济学的奠基人苏格兰经济学家亚当·史密斯；法国人拉美特利和埃迪耶纳·博纳·德·孔狄亚克 (Étienne Bonnet de Condillac)——他们的研究开创了心理学；还有美国人托马斯·杰弗逊 (Thomas Jefferson) 和本杰明·富兰克林 (Benjamin Franklin)——他们为初生的美国撰写了新的宪法框架。

启蒙运动诞生于欧洲，随后逐步延伸至美洲殖民地，以便推广现代社会价值观。大约 1500 人致力于研究如今被我们称为“科学”的东西，而当时“科学”被称为历史或自然哲学，到 18 世纪末，研究科学的人数已增长至将近 5000 人。这个越来越庞大的开明之士组成的团体对于发展新形式的沟通交流、开办学会、博物馆和社团都做出了贡献。

哲学思想

尽管启蒙时期的哲学家都捍卫着相同的奠基思想，但这个团体中的成员身份各异。首先，他们来自不同的社会阶层。有些人出身显贵，如布封伯爵乔治·路易·勒克来克（George Louis Leclerc, comte de Buffon）和米拉波伯爵奥诺雷·加布里埃尔·里克蒂，还有霍尔巴赫男爵保罗·亨利（Paul Henri, baron d'Holbach）。也有一些人曾经在旧体制的权力体系中占有一席之地，如法国财政部总监察员安妮·罗伯特·雅克·图格（Anne Robert Jacques Turgot）和大不列颠国会议员爱德华·吉本（Edward Gibbon）等。尽管1748年孟德斯鸠发表了《论法的精神》，书中提出了作为现代国家基石的概念——分权，他认为分权可使国家远离暴政和专制，但许多启蒙思想家都与旧制度的权贵来往密切，比如莫佩尔蒂、赫尔维蒂乌斯（Helvétius）、伏尔泰和普鲁士的弗里德里希二世、狄德罗和俄国的叶卡捷琳娜二世。大部分启蒙时期的思想家都支持贸易自由，尽管这不利于广大民众，只有利于一小部分资产阶级和贵族，而他们提倡的社会改革计划几乎没有顾及社会中最大的群体——文盲和农民。

在宗教方面，哲学运动公开反对教权——尤其在法国——伏尔泰在其所有著作上都会附上："打倒卑鄙无耻的东西（Écrasez l'infâme）。"尽管启蒙思想家在反对宗教正统性上基本是一致的，但他们对于信仰和习俗的看法却观点不一。伏尔泰对于宗教问题相对宽容，他反对自然主义者的某些观点，如驳斥上帝的存在。与许多哲学家和开明之士一样，伏尔泰似乎更倾向于牛顿体系，而不是笛卡儿的逻辑体系，因为笛卡儿的理论可以接受无宗教信仰和无神论。启蒙时期同时也存在着新形式的宗教狂热，尤其是卫理公会（méthodisme），这是一场在美洲殖民地兴起的基督教振兴运动，被称为"伟大的觉醒"（Great Awakening, Le Grand Réveil），还有在德意志诸公国盛行的虔诚派（le piétisme）。此外，哲学运动的许多假设都带有对古代宗教神话的世俗重新解释的印记。

卢梭发表的关于人性本善的论文，和对天堂的美好看法有许多相似之处，而几个小型政治抵抗社团构成了启蒙运动的社会组织形式，这种组织让人想起历史学家

伏尔泰，开明哲学家的典范

伏尔泰的反教权立场和辛辣尖锐的笔锋使之成为启蒙时期最具争议性的人物之一，启蒙运动的知识分子中没有一位像伏尔泰那样引起如此多的拥护抑或仇恨。

弗朗索瓦·玛丽·阿鲁埃（伏尔泰的真实姓名，François Marie Arouet）是启蒙运动伟大的论战者，不只是因为他的学识几乎涵盖当时的所有领域，例如，他和夏特莱侯爵夫人一起将牛顿的理论引入法国，还因为他对任何人、任何事物都秉持着辛辣的讽刺。为此他被关进巴士底狱（1717年），1726年到1729年被流放到英国。但也为他赢得了不少位高权重之人的青睐，如俄国女沙皇叶卡捷琳娜二世和普鲁士国王弗里德里希二世（腓特烈大帝），即使之后因嘲笑弗里德里希二世的浮夸文风，而导致两人不和……伏尔泰的许多作品中都存在明显的矛盾之处，他捍卫宗教宽容、积极反对教权（但他并不是无神论者）、支持专制主义。这些都表明他的立场更偏向精英主义，而不是民主主义。

插图 吉恩·胡伯（Jean Huber）的《伏尔泰和费尔内的农民》（*Voltaire et les paysans de Ferney*）。

爱德华·吉本在其巨著《罗马帝国衰亡史》中对于基督徒最初的描述。

此外，不同的社会地位会导致思想家之间产生意见不合，甚至会引发争论。当瑞士版《百科全书》刚出版时，达朗贝尔写道：“一些瑞士牧师不再信仰基督的神性。”日内瓦教会认为这种断言是毫无根据的批评，

乌东绘制的伏尔泰 雕刻家让·安托万·乌东（Jean Antoine Houdon）是法国新古典主义的伟大肖像画家之一，他将伏尔泰肖像纳入他的人物模型当中，他绘制了伏尔泰的半身像和全身像，由圣彼得堡艾尔米塔什博物馆收藏。

教会要求达朗贝尔公开致歉，哲学家让-雅克·卢梭认为达朗贝尔的言行的确冒犯了教会，于是便与达朗贝尔断绝了关系。而狄德罗则反对哲学家克劳德·阿德里安·赫尔维蒂乌斯（Claude Adrien Helvétius）关于“理解力”的看法。他还和雕塑家埃蒂安·法尔科内进行了一场关于艺术作品的不朽以及艺术家的传世影响的论战。医生兼哲学家拉美特利反对霍尔巴赫男爵的唯物主义论，他拒绝进行社会教育改革，而让・巴蒂斯特・罗宾内特（Jean-Baptiste Robinet）在一篇著名的论文中驳斥了物种的不变性，他提出的自然主义和赞颂快感的享乐主义文学相差甚远。

尽管有分歧和矛盾，哲学运动仍能超越国界保持话语统一性。理性批判无疑构成了启蒙运动最鲜明的旗帜之一，此外，开明之士也很想探寻关于"人的科学"。

关于"人的科学"主要有三个发展方向：首先是心理秩序，代表人物有唯物主义学家朱利安・奥弗雷・德・拉美特利和大卫・哈特利（David Hartley）；其次是研究人类智力的运作，代表人物有哲学家大卫・休谟（David Hume）和埃迪耶纳・博纳・德・孔狄亚克；最后是研究支配社会生活的法律准则，代表人物有埃德蒙・伯克（Edmund Burke）、亚当・史密斯和切萨雷・贝卡里亚。

这部"人类自然史"和当时无所不在的宗教历史毫无关系。贝尔纳・勒伯维尔・德・丰特奈尔（Bernard Le Bovier de Fontenelle）在其著作《神谕史》（*Histoire des oracles*，1687 年）中指出新哲学和宗教思想大相径庭，新哲学强调从人体器官组织和需求之间的相关性出发来定义人类。

许多比较研究正是基于这种想法展开的。人首先被当作羽管键琴，可以用人体各组织弹奏出有节奏的旋律。随后人被看作一本有生命的书，可以自我阅读。接着，人又被当作蜘蛛人（homme-araignée），他织的网是其感知世界的一部分。最后，人被认为是球茎状的，具有丝状的根系。在以上所有这些观点中，人的智力附着于人体的形态组织和认知联想的机制。由于智力和感知有着密切的联系，功能和结构也同样如此，启蒙思想家认为宗教启示不是知识的来源，只有通过观察和实验才能获取知识。

艾萨克・牛顿（Isaac Newton）使用方法论原则进行力学研究获得了成果，而在大多数情况下，作为人类科学基石的新时代道德和政治哲学同样遵循方法论原则。这门新兴科学对道德领域影响深远，如同牛顿提出的重力理论之于力学。大卫・休

令人惊叹的自然

探险家发现了新世界，其自然资源丰富，之前不为人知的奇特动植物让 18 世纪的欧洲社会痴迷不已。

插图 油画《犀牛》(*Le Rhinocéros*，1751 年)，彼得·隆吉 (Pietro Longhi) 作，现收藏于威尼斯 18 世纪博物馆——威尼斯雷佐尼科宫 (Muséologies del Sette-cento Veneziano-Ca'Rezzonico, Venise)。

谟的著作《人性论》(*Traité de la nature humaine*)的副标题十分清晰地表述了这种联系 :《将实验推理法引入道德主题的尝试》(*Essai pour introduire la méthode expérimentale de raisonnement dans les sujets moraux*)。亚当·斯密发表了《道德情操论》(*Théorie des sentiments moraux*),在法国也有类似的著作,如机械唯物论者霍尔巴赫伯爵的《灵魂的形而上学》(*Métaphysique de l'âme*)。

尽管科学生产有其重要性,但是 18 世纪发表的大部分著作并不能体现出启蒙时期的伟大思想,而只是从个人的角度出发,在一个极度渴求知识的社会中,他们发现文学创作可以成为一种新的生计方式。狄德罗便是如此,他初到巴黎时以翻译英语医学书籍为生,同时又沉缅于享乐主义文学。思想的传播跨越了国界,突破了社会阶层,就这样整个欧洲的思想体系逐渐得到调整,而这个新的思想体系将在 18 世纪后半叶得以最终确认。

这场哲学运动重新思考了社会秩序和自然秩序,怀疑数学推论,而且越来越关注自然历史。在这个时代,公众舆论开始对解剖演示着迷,醉心于动植物和矿产名录,以及各类收藏,而在这个背景下兴起的启蒙运动赞颂的是自然的多样性,这必然会和医生、生理学家、自然学家的理念产生分歧。

开明自然主义运动的领军人物是百科全书的编写者狄德罗——还有自然主义者莫佩尔蒂和哲学家兼医生拉美特利——他们渴望开创一门可以在社会各阶层普及的"大众科学"(science populaire)。布封伯爵也有这样的想法,他认为,自然知识应该是每个人都能理解的,尽管对自然的探索仅限于少数几个人。布封曾任职皇家花园总管,他在其奠基性著作《自然史》(*Histoire naturelle*)中指出,随着城市资产阶级的崛起,社会的演变正在朝着知识"民主"的方向发展。

约 1740 年,这种新的民主思想已经渗入法国社会的各个阶层中。越来越多的人对自然着迷,新的城市精英阶层为了获取知识和社会、经济各领域由自然多样性而带来的成果,已不再赞颂创世及其美德。首先,这涉及对知识的占有 ;其次是随着对新感觉的感知,个人身份和集体意识的转变。自然仍是从前的那个自然,但是从此它会被当作一种消费品，只有那些具备知识，有一定社会地位的人，才能拥有它。

德国启蒙运动

当大部分欧洲国家的启蒙运动朝着感觉论的形式发展时，普鲁士和德意志诸公国的伟大思想家们则创立了一门自然唯心主义哲学。其中最具代表性的哲学家是戈特弗里德·威廉·莱布尼茨（Gottfried Wilhelm Leibniz，1646—1716 年），他博学多才，是普鲁士的政治家和数学家，他发展了一套研究体系来探索自足的个体，他认为这些自足的个体构成了所有事物的实体：单子（les monades）。这些单子的属性可以说明和自然相关的所有问题，包括神性。莱布尼茨和牛顿一起发现了微积分，他还开创了一套极具思辨性的哲学体系，他认为，既然至高无上的造物主可以创造任意世界，那么他已经创造出了众多可能的世界中最好的一个。伏尔泰和其他一些哲学家则对此嗤之以鼻，伏尔泰在其哲理小说《老实人或乐观主义》（*Candide ou l'Optimisme*）中驳斥了这个观点，尤其在 1755 年里斯本大地震后。“如果说这就是众多可能世界中最好的一个，那么其他的那些世界又是怎样的呢？”伏尔泰在《老实人或乐观主义》中讥讽道。

康德在经典哲学史中占据着极其重要的地位。柯尼斯堡（Königsberg）曾是东普鲁士的一个市镇，即现加里宁格勒（Kaliningrad），这个小城见证了康德的一生，这位普鲁士哲学家一直与当时最伟大的学术人物保持着通信。各式各样的质疑、困惑和疑问随着这些信件纷至沓来，内容涉及广泛，从动物权利到灵魂在人体中的假定位置。康德对于哲学发展和自然史的发展非常感兴趣，他通过研究经验可能的状态，创立了享誉世界的一套哲学体系。“尽管我们无法了解物质世界本身”，他说道，“但我们可以创造适合这个世界的描述，这是我们得以认识世界的唯一途径。”他对于普遍知识论、伦理和艺术哲学的贡献使其著作成为之后整个哲学界的灵感来源。从某种程度上说，他的作品，尤其是三部《批判》（*Critiques*），堪称现代哲学的基石。

康德：理性帝国

启蒙时期的重要特点便是信仰理性，德国哲学家伊曼努尔·康德便是理性最忠实的捍卫者，尤其从1770年开始，当英国哲学家大卫·休谟的思想唤醒了他内心“沉睡着的独断主义”时。对于康德而言，启蒙运动（Aufklärung）是“人类摆脱监管的出路”（c'est la sortie de l'homme hors de l'état de tutelle），人类本身“若无他人指引，便无法运用自己的知性”。康德的口号“Sapere aude!”，即“有勇气运用自己的知性”，或“敢于认知”。

右图 克里斯蒂安·丹尼尔·劳奇（Christian Daniel Rauch）在他的家乡柯尼斯堡（Königsberg）建造的康德纪念雕像。

康德的提问 虽然康德一生循规蹈矩，但他通过确定认知的界限革新了西方哲学：

“我能够认识什么？”

“我应该做什么？”

“我可以期待什么？”

还有终极问题——“人是什么？”

Critik
der
reinen Vernunft
von
Immanuel Kant
Professor in Königsberg.

理性批判

1781年，伊曼努尔·康德出版了他的代表作之一《纯粹理性批判》。上图为第一版封面，里加（Riga）印刷。在这本书中，哲学家研究了知识，他认为知识是由人类从先验的命题或判断中建立起来的。

被称为“狂飙突进”（Sturm und Drang）的文艺运动受到康德最后一部巨著《批判力批判》（*La Critique de la faculté de juger*）的启发，也深受卢梭作品的影响，德意志的这场运动赞颂了感受力，这与欧洲大陆其他地区的艺术潮流不谋而合。此外，这场运动受到了新兴生命科学的影响，得到了诗人和哲学家的支持，如弗里德里希·冯·席勒（Friedrich von Schiller，1759—1805 年）、戈特霍尔德·埃夫莱姆·莱辛（Gotthold Ephraim Lessing，1729—1781 年）和哥特弗雷德·赫尔德（Gottfried Herder，1744—1803 年）。然而，正是因为约翰·沃尔夫冈·冯·歌德（Johann Wolfgang Von Goethe，1749—1832 年）的才华，特别是他的书信小说《少年维特之烦恼》在某种程度上开创了浪漫主义哲学的复兴。

这个新的哲学流派不屑于枯燥的理性推论和应时的哲学思辨，它认为，具有尊贵和自然情感的人只能在寻求死亡的行为中得到慰藉。这是歌德作品的核心思想，它成为之后文艺创作的一大灵感来源。这部短篇书信小说《少年维特之烦恼》在整个欧洲引发了一波自杀浪潮。

公众舆论领域

宣传这些新思想需要新的传播途径。除了现有的科学院和科学学会外，启蒙运动的精神通过植物园、画廊、博物馆和自然历史博物馆传播开来，而天文台则代替了 17 世纪盛行的珍品陈列室。除了展览和学习场所之外，城市精英阶层找到了新的交流场所，如公共讲座，茶室，咖啡馆，图书馆，画展和各类戏剧演出。由此诞生了一个公共领域，它脱离了君主的宫廷及其规范。

1780 年前后，随着新兴资产阶级在社会、人口和经济方面的飞跃发展，文学界和其他领域都呈现出这样的趋势，即知识已不再由社会特权阶层所独享。数不胜数的文化活动层出不穷，包括各类课程和公共讲座，此外，负责传播地理发现、科学发明和哲学成果的机构也积极开展活动，这些便是明证。节日、剧院、沙龙、画廊，以及歌舞场、公共广场和长廊所特有的文化特质成为集体资源的一部分，人们利用这些资源来生产和传播知识。

让-雅克·卢梭和野蛮人的反启蒙运动理论

大部分启蒙思想家从来不质疑现行的社会精英主义，更不用说君主制了。但卢梭不同，他把对社会结构的抨击作为其创作的基石之一。

1755年出版的《论人类不平等的起源和基础》和1762年出版的《社会契约论》（*Contrat social*）在法国引起了巨大的轰动。这两部作品涉及一些禁忌，比如政治权利和社会的起源，批判当时社会的正当性。卢梭介绍了野蛮人在自然状态下生活幸福，以此抨击人类的开明观念。他认为，文明和文化远没有给人类带来幸福，反而滋生了不公正和不平等，而私有财产的出现进一步加剧了这种不公正和不平等。卢梭与同时代的大多数哲学家都不相往来，但在法国大革命期间，他对法国产生了重大影响。

插图 卢梭的肖像画，艾伦·拉姆齐（Allan Ramsay）所作，现由爱丁堡的苏格兰国家美术馆收藏（Scottish National Gallery, Édimbourg）。

对自然的研究和理解，包括对人性的研究和理解，是围绕着新的观察模式、新的实行手段、证据生产系统、被见证的科学实验，还有理性和说服的推论技巧运用而建立的。

然而，文学界非常需要一个读者团体。尽管关于当时欧洲扫盲成果的确切资料很少，但可以肯定 18 世纪有时间和可能去读书写字的人口迅速增长。有史以来第一次，个人在一生中所收藏的书籍成为遗嘱中可

狂飙突进

歌德和席勒被并称为德国最伟大的剧作家，是狂飙突进运动的领袖人物，这场美学运动刻意和启蒙运动保持距离，预示了感性的浪漫主义已为期不远。1794 年至 1805 年（席勒去世之年），两人之间的友谊在欧洲文化史上被传为美谈。

插图《被缪斯眷顾的魏玛宫廷：席勒在蒂弗特宫朗诵》（*La Cour des muses à Weimar*，1860 年），该石版画取材自特奥博尔德·莱因霍尔德·冯·欧俄（Theobald Reinhold von Oër）的同名油画。该石版画由柏林贝尔维尤城堡收藏（château de Bellevue, Berlin）。

沙龙，启蒙思想的传播阵地

沙龙既是开明之士传播启蒙思想的重要场所，也是上流社会的社交场合，在主人的盛情招待下，宾客们在这里畅所欲言。

1789年法国大革命爆发前，沙龙早已成为法国社会的一种现象，整个18世纪沙龙便是法国文化生活的一个缩影。文人、哲学家、艺术家、科学家和巴黎上流社会人士都聚集于此。这样的聚会无疑为组织者带来了社会威望，同时对参与者也大有益处。这些沙龙的参与者可以在这里结交新友、高谈阔论、朗诵新作，融入巴黎精英阶层的生活。其中最有名气的沙龙当数莱丝皮纳斯小姐（Julie de Lespinasse）、德芬夫人（Madame du Deffand）以及乔芙兰夫人（Madame Geoffrin）举办的沙龙，乔芙兰夫人当时还与俄国叶卡捷琳娜二世有书信往来。

插图　《乔芙兰夫人的晚会》（*Une soirée chez Madame Geoffrin*，1812年），阿尼塞·查理·加布里埃尔·勒莫尼埃（Anicet Charles Gabriel Lemonnier）所绘油画，画中文人学士在乔芙兰夫人的沙龙聚集一堂，朗读伏尔泰著作《中国孤儿》（*L'Orphelin de la Chine*），由吕埃-马迈松马尔迈松城堡国家博物馆收藏（musée du Château de Malmaison, Rueil-Malmaison）。

被继承的财产，一些欧洲的名家还设立了具有几千本藏书的图书馆。启蒙思想家钟爱小说，因为主人公的悲惨命运往往能引起读者的共鸣，此外，他们还大量阅读期刊、新闻。新闻报道的真实性有待商榷，但它具有新生事物的独特性，它满足了人们想要获取各领域信息的迫切需求，而这些信息可以在社会各界引起不同的反响。

❶ **布封伯爵** 他是国王的花园总管，也是18世纪自然历史研究的中心人物之一。

❷ **让-雅克·卢梭** 除了哲学，他还致力于小说创作（《尤丽或新爱洛绮丝》）和歌剧创作（《乡村卜师》）。

❸ **让·菲利普·拉莫** 作曲家、音乐理论家，他以歌剧舞（《英勇的印度人》，*Les Indes galantes*）与和声理论闻名于世。

❹ **皮埃尔·德·马里沃（Pierre de Marivaux）** 著名的喜剧作家，他的代表作有《爱情与偶然狂想曲》（*Le Jeu de l'amour*）、《假秘密》（*La Double Inconstance*）。

❺ **让·勒朗·达朗贝尔** 数学家和哲学家，1758年，他和狄德罗一起编纂《百科全书》。

❻ **孟德斯鸠男爵** 作家和政治思想家，他提出了三权分立理论。

❼ **伏尔泰** 他的半身像位于沙龙的中心处，这次沙龙活动的主题是朗诵五幕悲剧《中国孤儿》。

❽ **乔芙兰夫人** 从1749年直至她逝世（1777年），乔芙兰夫人在位于圣奥诺雷街（rue Saint-Honoré）的住所举办巴黎最著名的沙龙之一。

公众对新事物的品味，以及新兴消费品强大的吸引力都有利于扩大这些不同的反响。当时，茶叶、咖啡、糖和烟草等或稀有或不知名的产品开始在欧洲主要城市大规模分销。18 世纪，欧洲和美洲殖民地、加勒比海、印度和我们今天所知的印度尼西亚的对外贸易以惊人的速度增长。因此，欧洲梦寐以求的商品迅速成为任何社交聚会的借口和几乎无可或缺的因素。显然，咖啡馆，这个新英国资产阶级的聚会场所，就像路易十五的法国茶室一样，如果没有茶和咖啡，就不会是现在的样子。然而，这些产品本身是不够的：人们去咖啡馆不仅仅是喝茶，也许最重要的是评论新闻，阅读现有的期刊，甚至讨论借来的书。这些新产品——咖啡、新闻、期刊和书籍——都是这个过程的一部分而已。

和知识相关的消费品中，印刷品（书籍、期刊和其他出版物）对社会的影响最大。这个时期的印刷机可以大规模刊印书籍和小册子，小册子非常便于运输，可传播至欧洲各地。在文化方面，社会中的开明人士开始阅读更多更好的书籍。阅读习惯的改变是一场真正的革命，再加之欧洲中产阶级的扫盲运动，由此形成了一种新趋势，即为自己而读，而非大声为别人读。最受欢迎的书籍是虚构类作品，尤其是书信体小说，如塞缪尔·理查森的《帕米拉或美德有报》（*Pamela ou la Vertu récompensée*，1740 年）和卢梭的《尤丽或新爱洛绮丝》（*Julie ou la Nouvelle Héloïse*，1761 年）。

随着书籍日益商品化，大众逐渐偏向“享乐主义”文学，而放弃了神学类书籍和弥撒经本。《一千零一夜》（*Mille et Une Nuits*）于 1704 年至 1717 年间被译成法语后问世，克劳德·普罗斯珀·乔里奥·德·克雷比永（Claude Prosper Jolyot de Crébillon）深受此书影响，他于 1743 年出版了《漏勺，坦扎伊和内昂塔内》（*L'Écumoire ou Tanzaï et Néadarné*），此书成为当时颇受追捧的东方色情小说。1739 年，他的另一部作品《勒索法，道德故事》（*Le Sophia, conte moral*）以手抄本的形式流传开来。1741 年，让-查尔斯·格瓦伊斯·德·拉图什（Jean-Charles Gervaise de Latouche）出版了《查尔特勒家的看门人，唐·布格里的故事》（*Histoire Dom Bougre, portier des Chartreux*），1744 年，查尔斯·皮诺·杜克洛（Charles Pinot Duclos）出版了《阿卡舒和泽尔菲勒》（*Acajou et Zirphile*）。1788 年，狄德罗匿名发表了色情小说《八卦珠宝》（*Les Bijoux indiscret*），小说中的人物被一枚魔法戒指所控制，迫使女人泄露秘密，并强迫她们用性器官和珠宝发声，

约翰逊博士

塞缪尔·约翰逊的父亲是一位小书商，他经常参加咖啡馆的聚会，约翰逊是 18 世纪英国文学的代表作家，被誉为最杰出的英国文学评论家。他的代表作有著名的《英语词典》(*Dictionnaire de la langue anglaise*, 1755 年)，它被认为是《牛津英语词典》(*Oxford English Dictionary*) 问世前最好的一本词典。

插图 塞缪尔·约翰逊博士 (Docteur Samuel Johnson) 的肖像画，约书亚·雷诺兹所作，现为伦敦某私人馆藏 (collection particulière, Londres)。

而不是用嘴。在这部小说中，色情传说和最受尊重的哲学传统相遇了，狄德罗告诉我们，“珠宝说话是没有情感的，这无益于真相”（qu'un bijou parle sans passion, et n'ajoute rien à la vérité）。

狄德罗和启蒙时期的其他思想家一样，他用性去揭露欺诈王国所依赖的秩序基础。就这点而言，狄德罗和卢梭的观点是一致的，卢梭认为要尽量调和言行、思想和感受，以及自我和社会规则间的差距。法国享乐主义文学在文学和思想史上占有非常重要的地位。在这个领域，不得不提这两位作家，皮埃尔·肖代洛·德拉克洛（Pierre Choderlos de Laclos，1741—1803 年）和多拿尚·阿方斯·弗朗索瓦·德·萨德（Donatien Alphonse François de Sade，1740—1814 年）。德拉克洛发表了《危险关系》，被誉为法国文学史上的杰作之一，小说真实反映出在开明思想的影响下，习俗和心理所经受的转变；作家兼哲学家萨德侯爵的小说《贾斯汀，美德的不幸》（*Justine ou les Malheurs de la vertu*，1787 年）和《闺房里的哲学》（*La Philosophie dans le boudoir*，1795 年）对后世作家的影响极其深远，在一些文学巨匠的创作中可以明显感知到萨德的影响，如福楼拜（Flaubert）、陀思妥耶夫斯基（Dostoïevski）、兰波（Rimbaud）和布勒东（Breton）。

除了阅读习惯的转变之外，作家的态度也逐渐发生了变化，他们开始认为作家是一个超越国界和政治的团体，这样便可以突破出身，通过自己的文学成就实现社会阶层的跨域。当时的大部分作家都来自被称作葛拉布街（Grub Street）的社会底层，葛拉布街是一个贬义词，指代潦倒文人。之后的勒内·勒·塞纳（René Le Senne）、让-保罗·玛拉（Jean-Paul Marat）以及雅克·皮埃尔·布里索（Jacques Pierre Brissot）等人在法国大革命中都扮演了十分重要的角色，他们都有过突破社会阶层但最终受挫的经历。许多新生作家都抱着“要不成为伏尔泰，要不就是无名之辈”的想法。尽管也有一些作家曾受到过大师的称赞，被称为“泥坑里的作家”，但他们最终仍一事无成。

阅读

阅读习惯的改变对于 18 世纪知识的传播起到了决定性的作用。1775 年前后，法国每年出版 4000 本合法或非法读物，如伏尔泰和卢梭等著名作家的著作被多次再版。

插图 《沙龙读书会》（*La lecture dans un salon*），也称《莫里哀读书会》（*La lecture de Molière*），让-弗朗索瓦·德·特鲁瓦（Jean-François de Troy）所作，英国霍顿庄园乔蒙德利侯爵藏（collection des marquis de Cholmondeley, Houghton Hall, Royaume-Uni）。

百科全书运动

《百科全书》源自一本英语字典的翻译计划，由哲学家德尼·狄德罗（Denis Diderot）和数学家让·勒朗·达朗贝尔（Jean Le Rond d'Alambert）主编，自1751年《百科全书》第一卷出版，便在当时的文化界引起轰动。

尽管当时的大环境不利于出版巨著，但是一些科学爱好者热切渴望能方便地获取知识，《百科全书》很大程度上满足了这些需求。首先，是以一种简明且创新的方式让普通读者理解所有最专业的知识。其次，其中涉及的许多知识并不是复杂的数学问题或高深的哲学思辨，而是一些有关工业和作坊的行业内幕。此外，《百科全书》也十分关注那些今天不会引人注意的领域，读者可以在书中读到有关批判政治和宗教权威，维护公共舆论，以及提倡通过信仰理性和进步来看待历史的进程。

尽管《百科全书》没有构建一个统一的知识框架，也有很多反对的声音，但是《百科全书》具有一种争强好胜的特质，这种特质超越了纯粹的知识领域，进入了政治范畴。《百科全书》的卷首插图是一张象征法国启蒙运动的图片，它体现了现代理性对抗蒙昧主义，只有理性可以揭露真相，而神学只是转移视线。

尽管1759年《百科全书》被罗马教廷列为禁书，编撰者也遭遇了巨大的危机，但17卷文本中的最后一卷终于在1772年出版了。此时距离第一卷出版已时隔21年，其间狄德罗将启蒙时代的象征融入了这部巨著中，如哲学运动、知识体系、批判精神，以及对狂热和盲从的反抗。

科学革命

现代社会中，被我们称为“科学”的东西构建起一个汇集知识和实践的总和，“科学”这个术语始于1830年左右，以前被称为“自然哲学”。但这并不意味着之前不存在“科学”这个词：法语原本就有这个词“science”，德语称为“Wissenschaft”，英语则称为“Knowledge”。但这些表述仅指代某种形式的知识，它并不总是和经验相关。

安托万·洛朗·拉瓦锡 朱尔斯·达洛（Jules Dalou）创作的这尊雕像展现了沉思的科学家，现存于巴黎奥赛博物馆（musée d'Orsay, Paris）。

现代化学之父，安托万·洛朗·拉瓦锡（Antoine Laurent de Lavoisier）

虽然家人想让他去巴黎学习法律，但是拉瓦锡本人却为了自然科学放弃了律师这份职业。他尤其对化学感兴趣，他革新了化学领域的研究方法和定量方法。1768年，刚满 25 岁的拉瓦锡便因其出色的论文而成为法兰西科学院院士。

拉瓦锡在化学上做出的重大贡献在于定量研究。他认为只有在设备齐全的实验室进行精准的测试才能验证假设。他的实验室便是如此，他的妻子玛丽-安娜（Marie-Anne）被认为是化学之母，她也在这里工作，拉瓦锡在这个实验室进行了一系列实验研究，其中有空气燃烧、发酵和动物呼吸研究，这些实验令他享誉世界，并使得他的住所变成了科学家的朝圣地。但是这所实验室也给他带来了灾祸：因为他建造实验室的开销来自包税收入——包税就是向政府缴纳一批钱，然后获得政府手中征税的权力，由此向一些行业或者民众征税——拉瓦锡还是一名包税官。在法国大革命中，拉瓦锡被抓捕，于1794年5月18日被送上断头台。

《百科全书》中“科学”这个词条由路易·德·若古（Louis de Jaucourt）撰写，他共为《百科全书》编写了18000个词条，他把“科学”定义为“关于某种事物的清晰且确定的知识，这种知识建立在自身明显的原则之上，或是建立在论证基础上”。这个定义没有通过分类进一步细化知识的内容，比如，自然史、植物史、实验科学，以及关于人类、社会和政治组织模式的研究。“科学”这个词条只是重复了数学家达朗贝尔几年前在《百科全书》的序言（Discours préliminaire）中提及的论点，该文将科学分为四个分支：智慧、睿智、谨慎和艺术，还包括一个关于上帝的科学领域。

除了缺乏清晰的标准，定义“开明科学”还遇到了其他困难：直到19世纪都未创立今天我们所熟知的职业培训中心。虽然欧洲拥有大学和信息交流的场所，但是许多对自然界感兴趣的人并不在研究领域工作。此外，还有许多拥有大学教授头衔的伪学者，他们或是因其出身，或是通过王家特权，成为学会或科学团体的成员。很多时候，一个人的社会关系网比哲学才能更重要，因此，当论及有利于学术生涯的因素时，会认为社会地位高于所获得的成就，而社会关系则高于知识。总之，反而是一些未就职于科学研究机构的学者贡献了当时被认为最重要的成就，如各领域爆发的论战对于科学进步有着积极的推动作用，内容涉及物质再生力、自然史领域、实验哲学中的电力运用等。

启蒙时期的高等教育介于两种模式之间，即中世纪的大学教育模式和19世纪的教育中心模式，这个时期主要关注知识体系的重构，完善始于上世纪的科学制度化进程，为现代科学组织做好准备。科学研究通过著作和杂志得以传播，部分制度化的学术社团及其作为协会的外部组织结构，都使得启蒙时期在历史上具有不容忽视的地位。

大部分情况下，由王室支持的科学机构承担了研究的主要职责。由此，法兰西科学院（Académie françaises des sciences）、伦敦皇家学院（Royal Society de Londres）以及柏林的普鲁士科学院（Académie prussienne des sciences de Berlin）组成了机构网络，这些机构营造出一个超越贸易边界和政治边界，涵盖自然科学和人文科学的场域。随着这些学术协会和社团的影响力不断扩大，一些协会组织逐渐在外省发展起来，如蒙彼利埃（Montpellier）和爱丁堡（Édimbourg），这些学术协会对于出自王权中心的官方科学结论和假设提出了疑问。

启蒙时期经历了两场制度变革：首先，学术协会的发展促进了现代世界的诞生；其次，从 18 世纪末至 19 世纪上半叶教育体系的一系列演变。因此，启蒙时期的一个重要特质便是基于科学革命遗留下来的认知模式所获得的成就：其一，培根的经验主义；其二，将数学引入自然法则研究，尤其是伽利略和牛顿的著作。这一历史时刻推动了天文学和机械学的研究发展，在实验科学领域掀起了高潮。在天文学和机械学领域，只需进一步深入研究牛顿的理论。至于实验科学、电力研究、磁学研究和气体运动研究都需要一定的流程，必须通过观察和实验来量化现象的规律。

在生命科学领域，18 世纪见证了现代外科、牙科和产科的诞生。这些曾经手工操作的实践成为专门的职业，从业者需要使用器械，并且具有解剖学知识。以前给人拔牙的牙医成了牙外科医生，助产师成了产科医生，他们配备了新的器械：解剖刀、产钳和夹持器。在这个领域，这个世纪最杰出的人物之一便是英国的外科医生约翰·亨特（John Hunter），他在伦敦考文特花园（Covent Garden）创立了一个外科和基础牙科诊所。亨特和同时代的许多同行一样，作为军队的外科医生在战场上受到了大量训练，亨特撰写了世界上最早的牙科学论文之一，发展了临床研究的病理学概念，以解决牙科问题。亨特相信所有的疾病都会导致器官病变，于是，他尽力回收已故病人的尸体，以便检查。他的珍贵标本现部分收藏于伦敦皇家外科医学院（Royal College of Surgeons de Londres）亨特博物馆。

正是为了顺应这样的历史潮流，《百科全书》编写了一些关于医学的词条。主要有 3 位作者负责医学方面的词条编写：安托万·路易（Antoine Louis）编写了外科类词条，加布里埃尔·弗朗索瓦·韦内尔（Gabriel François Venel）负责化学和医学词条，路易·德·若古编写的词条略少。此外，还有尤尔邦·德·汪德奈斯（Urbain de Vandenesse）（《百科全书》第三册出版后，1753 年去世），

人类的第一次飞行

启蒙时期充满了奇迹，其中最令人惊叹的便是由人类实现的第一次飞行。

插图 蒙戈菲尔兄弟（les frères de Montgolfier）制作的热气球，于1783年10月19日进行了两次试飞：第一次由让·弗朗索瓦·皮拉特·德·罗齐尔（Jean-François Pilâtre de Rozier）驾驶气球飞行了81米，第二次由皮拉特和安德雷·吉鲁·德·维莱特（André Giroud de Villette）共同驾驶气球，飞行距离达到105米。

皮埃尔·塔兰（Pierre Tarin）(《百科全书》第十册后他退出了编纂工作)，瑞士医生西奥多·特隆钦（Théodore Tronchin）编写了词条“接种”（l'inoculation），梅努莱·德·尚博医生（Menuret de Chambaud）编写了词条“观察”（observation）和“动物经济”（économie animale），由此作为蒙彼利埃有机医学哲学的一个参考。

牛顿学说的宝贵财富

1727 年艾萨克·牛顿去世后，如理查德·本特利（Richard Bentley）、让·特奥菲利·德萨古利尔和伏尔泰等第一批牛顿学说的信奉者，致力于将自己的学术研究当作政治工具。于是牛顿学说被当作武器用于对抗无神论和政治激进主义。

牛顿学说被用于政治已不是第一次了。自从新教徒继承英格兰王位以来，问题便接踵而来。牛顿的著作《自然哲学的数学原理》（*Principia*

拉德克利夫科学图书馆（La Radcliffe Camera）

拉德克利夫科学图书馆建于牛津大学（1737—1749 年），这栋建筑展现了整个 18 世纪科学机构的不断发展。

实验（第 126—127 页）

德比郡的约瑟夫·赖特（Joseph Wright of Derby）创作的《空气泵实验》（*L'Expérience de la pompe à air*, 1768 年），这幅油画是英国画家赖特的杰作之一，它出色地展现了启蒙时期对科学的好奇和敬畏，现存于伦敦国家美术馆（National Gallery, Londres）。

学院在科学和艺术发展中的作用

大部分成立于17世纪的学院是之后科学和艺术迅猛发展的发源地。在科学领域，学院在科学探索过程中起到了极其重要的作用。在艺术领域，学院不断完善古典主义风格，即反对者所谓的“学院式风格”（académique）。

启蒙思想家致力于将适用于理性崇拜的知识系统化，他们在科学院和文学院找到了最理想的联盟。在开明君主的倡议下，欧洲各国都成立了皇家科学院和艺术院，一些先行成立的机构如法兰西科学院、英国王家学会发展迅速。这些学院拥有许多资源，由此便能吸引各国的著名科学家和艺术家。这些学院取得的富有成果的思想交流和发现不仅提高了其名气，而且增加君主的威望，因为君主是这些学院的赞助者，这也使得君主们迫不及待地下达指示，比如普鲁士的弗里德里希二世。这个时期，尽管在科学领域取得了一些不容置疑的成绩，但对于雕塑艺术而言，发展却稍显迟缓。复制古典时期的雕塑典范，遵守神圣不可侵犯的规则（如平衡、形态、比例和总在试图追寻美），这些做法使得新古典主义诞生了，同时也为支配19世纪的浪漫主义奠定了基础。插图：约翰·佐法尼（Johann Zoffany）画中的皇家艺术学院的院士，伦敦国家肖像美术馆藏（National Portrait Gallery, Londres）。

mathematica）出版一年后，即1688年，便爆发了第二次革命（光荣革命）（Glorious Revolution）。随着汉诺威选帝侯入主英格兰，莱布尼茨也极有可能随行前往伦敦，此时牛顿发起了一项运动，旨在削弱德意志自然哲学的影响。正如莱布尼茨所说，这些纷争其实反映了英格兰、法国和德意志诸公国之间的紧张局势。对峙双

❶ **约翰·佐法尼（Johann Zoffany）** 这幅群像的作者出生于德国，从1760年起定居在英国。他也是皇家艺术学院首批成员之一。

❷ **理查德·科斯威（Richard Cosway）** 他因细密画而闻名于世，为英国王室和贵族创作了许多幅肖像画，尤其是为乔治四世，即当时的威尔士亲王。

❸ **弗朗切斯科·祖卡雷利（Francesco Zuccarelli）** 由于他出色的风景画，特别是对泰晤士河的风景描绘受到了英国收藏家的高度评价，这位意大利画家成为英国皇家学院院士，在学院教授实物模型画。

❹ **弗朗西斯·海曼（Francis Hayman）** 不仅是王家艺术学院的创始成员，同时也是学院的第一位图书馆馆员。作为画家和插画家，他的作品深受威廉·莎士比亚（William Shakespeare）的影响，他也因此而享有盛誉。

❺ **约书亚·雷诺兹** 18世纪下半叶伟大的英国肖像画家，1768年，他成为第一任皇家艺术学院院长，并于1769年被乔治三世授予爵士头衔。

❻ **威廉·亨特（William Hunter）** 医生和解剖学家，曾作为乔治三世的妻子夏洛特皇后（la reine Charlotte）的私人医生，1768年，他作为解剖学教授成为皇家学院院士。

方不只是在数学领域和论证的新规则上针锋相对，还会根据各国之间的政治关系选择立场。

政治和宗教领域对于新哲学竟有如此之大的影响，以至于自然神论者安东尼·柯林斯（Anthony Collins，1676—1729年）将矛头直指新保守派，即支持新教徒继承英格兰王位的拥护者，严厉地斥责他们企图将政治

科学进步

拉瓦锡实验室的科学设备，D. 利扎斯（D. Lizars）1796年的雕塑作品。

矛盾引向数学和自然哲学领域。约翰·托兰德（John Toland，1670—1722 年）是柯林斯的朋友，且深受法国唯物主义者的赞赏，他决定打破这个局面，他以唯物主义的角度利用牛顿学说来解释人类行为。“力”的概念是为了表明物质内在的力量，同时也显示出，由于无法解释这个“力”的范围和性质，因此可以把它视作一种物质属性，以此消解上帝的存在。几年之前，哲学家约翰·洛克（John Locke）是牛顿学说的忠实拥护者，他认为不能排除这样的想法，即上帝给予了物质思考的能力，他的这种说辞在 18 世纪上半叶引起了巨大的争论。

不管怎样，牛顿的形象及其著作使得对峙各方在力学和动力学范畴之外的阵地表明各自立场。他研究的自然哲学内容涉及十分广泛，从星球体系到人类科学，还有身体运动和人类行为。然而，把社会比作肉体的想法，这一隐喻可追溯至柏拉图，在 17 世纪已有所发展。从那时起，启蒙时期的开明人士只是寻找不同的途径，基于受永恒规律支配的力学原理，将牛顿学说运用于政府体系或宗教问题。

尽管在欧洲大陆对牛顿著作的阐释仅限于力学领域，但是实验哲学的出现旨在将牛顿理论置于欧洲工业化的大背景中。在最初几篇关于《自然哲学的数学原理》的报道中有一篇出自洛克，刊登于让·勒克莱克（Jean Le Clerc）主编的刊物《环球历史博物馆》（*Bibliothèque universelle et historique*），这本期刊将关于重量、光、弹力、流体阻力“以及被称之为吸力和冲量的威力”的研究纳入伽利略的理论体系，并且设想在零散的知识之间存在着一种可能的联系，而这种联系可以构成统一的知识体系。

最能凸显牛顿的科学理论和工业发展之间合作关系的代表人物之一便是让·特奥菲利·德萨古利尔（Jean Théophile Desaguliers，1683—1744 年），他是流亡在英国的法国新教徒，英国皇家学会聘用他来主持电力领域的实验项目。他和许多热衷于牛顿学说的哲学家一样，十分关注知识的实际应用，贸易发展以及人类的进步。他支持进行各种实验论证，他认为笛卡儿体系是一部“哲学小说”，他致力于制造工具和机器，以此验证《自然哲学的数学原理》中的某些数学论证。德萨古利尔和其他实验主义者创立了一套理论应用体系，它可以利用牛顿的自然哲学为民用

夏特莱侯爵夫人，优雅的科学家

启蒙运动给女性带来了自我发展的契机，女性除了做家庭主妇，还可以成为艺术家——如安吉利卡·考夫曼(Angelina Kauffmann)和罗莎巴·卡里拉(Rosalba Carriera)，成为作曲家——如玛丽安·冯·马丁内斯(Marianne von Martínez)，或者成为科学家——如夏特莱侯爵夫人。

埃米莉·勒托内利耶·德·布勒特伊(Émilie Le Tonnelier de Breteuil)即夏特莱侯爵夫人，出身贵族家庭。由于不少科学家和历史学家时常出入其父举办的沙龙，埃米莉则深受这些沙龙的影响，从小便表现出对哲学和科学的特殊偏爱。也正是这些科学家和历史学家建议其父让她接受通识教育。即使在19岁嫁给了夏特莱侯爵，她对于知识尤其是对于数学的喜爱也未曾有丝毫减退。埃米莉把艾萨克·牛顿的拉丁语版《自然哲学的数学原理》译成法语，此外，她曾经和伏尔泰在西雷城堡(château de Cirey)生活过一段时间，这座城堡便成为当时欧洲大陆传播牛顿思想的中心之一。她还投身于微积分研究，对于火的性质和火势的蔓延也十分感兴趣。

插图 昆汀·德·拉图尔(Quentin de La Tour)所绘《夏特莱—洛蒙夫人》(*Madame de Châtelet-Lomont*)，现存于舒瓦塞尔的布雷特伊城堡，由私人收藏(collection privée, château de Breteuil, Choisel)。

动物磁气说

亦被称为动物磁流学说。弗朗兹·安东·麦斯麦医生（Franz Anton Mesmer）将它用于治疗法，麦斯麦医生被视作现代催眠学之父，18 世纪欧洲的上流社会对他推崇备至。

插图 1780 年的版画作品，《麦斯麦先生的磁气桶，或动物磁气说的忠实写照》（*Le Baquet de M. Mesmer ou Représentation fidèle des opérations du magnétisme animal*），现收藏于巴黎国家图书馆（Bibliothèque nationale, Paris）。

工程学和即将到来的工业革命奠定基础。1730 年前后，英国便出现了百来台纽可门机，纽科门是第一位使用蒸汽机生成机械力的工程师。

荷兰人威廉·雅克布·斯格拉维桑德（Willem Jacob's Gravesande，1688—1742 年）也是牛顿学说的信奉者，他在传播牛顿学说方面的成就堪比德萨古利尔。他运用牛顿原理编写了一本科学揭秘著作《从经验中获取的自然哲学的数学要素》（*Éléments mathématiques de philosophie naturelle tirés de l'expérience*），他还解释了《自然哲学的数学原理》中复杂的计算，便于公众理解。此外，他将牛顿的数学论证和源于观察及实验获取的证据联系起来，他竭力将力学新原理用于牛顿尚未研究过的一些课题，如流体静力学。

荷兰人赫尔曼·伯哈夫（Herman Börhaave，1688—1738 年）是医生、植物学家及人文主义者，他的著作也紧跟当时的潮流，运用牛顿学说中关于吸力和斥力的原理解释了身体的运作。

档案：狄德罗和达朗贝尔的《百科全书》

狄德罗和达朗贝尔编撰的《百科全书》被誉为法国启蒙时期的杰作，这部巨著无疑是史上最伟大的集体成就之一。

让·达朗贝尔

达朗贝尔是一名军官的私生子，1746年，当他同意参与《百科全书》的编撰工作时，已经是一位颇有名气的数学家。

插图 昆丁·德·拉图尔所绘达朗贝尔肖像画，巴黎卢浮宫藏（musée du Louvre, Paris）。

1751年至1772年间，狄德罗和达朗贝尔编撰的《百科全书或科学、艺术和工艺详解词典》（*Encyclopédie ou Dictionnaire raisonné des sciences, des arts et des métiers*）承担了传播欧洲

德尼·狄德罗，《百科全书》的灵魂

狄德罗花了 25 年的时间主持编撰《百科全书》，最初和达朗贝尔一起，1757 年后开始独自编撰。

插图 上图：路易·米歇尔·范·卢（Louis-Michel Van Loo）所绘的狄德罗；左图：《百科全书》中一幅描绘细木工场的版画。

启蒙思想的伟大事业。《百科全书》采用了最大的出版尺寸，即对开本，共计 25000 位署名者，其中大部分不是法国人。全书共 17 卷超过 70000 个词条，另外又增刊了 11 卷，内有 2500 幅细致的插图。

从 1777 年至 1780 年，又出版了 5 卷及 2 卷新附录。《百科全书》不仅仅是人类宝贵的文化遗产，还是一部获得前所未有商业效应的知识巨著。《百科全书》拥有 100 多位合作者，他们学识渊博且极具专业水准，其中不乏法国最伟大的学者——哲学家伏尔泰、卢梭、孟德斯鸠、财政大臣杜尔哥（Turgot）、霍尔巴赫男爵、作家马蒙泰尔（Marmontel），以及重农论者和经济学家魁奈，这些名人的参与促进了《百科全书》的销量，仅 30 年间累计销售便超过 25000 册（这个销售量在当时已经十分惊人了）。《百科全书》是出版界的一次巨大成就，此书之后一版再版，供不应求，以致还出现了盗版。

“包罗万象”的百科全书

《百科全书》的编撰者遍布各行各业，词条数量众多，这都证明了《百科全书》的丰富性。卷帙浩繁的《百科全书》涉及了诸多领域，如农业、矿产业、建筑业、植物学、商业贸易、天文学、机械工艺、冶金业、阐释学、剑术、文艺批评、地理、语法、法律或法学……

几位堪称这个时代最杰出的人士，如科学家兼探险家夏尔·玛丽·德·拉孔达明（Charles Marie de La Condamine）致力于一些稍显小众的主题，比如番荔枝（annona cherimola，一种水果名）。而其他不太为人所知的作家，如哲学家路易·德·若古（Louis de Jaucourt），他写了几十篇关于自然、科学或宗教的文章。其他诸如“灵魂”“经济”或“动物”之类的词条篇幅相当于一篇小论文，会涉及一些相关的问题，而其他许多词条则按规定只有一两句严谨的话。有些词条就像真正的战争武器，用于传播开明思想，但大部分涉及的主题都与职业、艺术以及工艺相关。狄德罗本人也表明，这部巨著“汇集了散落在世界各地的知识；阐述了这些知识的通用体系，这不仅仅是为了和我们生活在同一个时代的人们，也是为了留给我们的后代；为了过去几个世纪的努力不会成为今后的无用之功；为了我们的子孙后代成为更有学识、更正直和更幸福的人，也为了我们死后无愧于人类这个种族”。

尽管大家都认为《百科全书》是科学史和思想史上最伟大的集体成就之一，但是公众并未一开始就认识到这部巨著的革命性。在某些情况下，最严厉的批评主要针对其僵硬的结构，以及在最意想不到的词条中出现旧制度的特权，而读者完全没有料想到会在这些词条中与其相遇。此外，在注释和参考文献中隐匿着对教会和国家的不敬，嘲讽其代表及机构。《百科全书》提供了不可估量的知识来源，而且对当时撼动欧洲各国旧体制的社会紧张局势拥有独到的看法。《百科全书》涉及了一些关于抽象和复杂主题的理论知识，如几何学和动力学；还有一些相近的主题，如法国植物区系、巴黎，或是艺术和工艺，它们构成了城市新网络，宣告了工业革命的开始。

《百科全书》反映了这个时代的社会动荡，映射了启蒙时期法国社会思潮涌动。好奇心、理性的各种用途、最理论化的知识和各类实验形成了一个密集的网络，其中也穿插着经济问题、科学主题和社会关切。一方面，理论知识和技术实践对于职业及工艺发展有极其重要的作用；另一方面，各行会和社团之间致力于统一行业标准，由此形成了一个跨行业的文化联合体，这对于当时法国社会的转型起到了积极的作用，即从一个基于等级体系的农业社会走向一个孕育中的工业社会。

虽然这部内容广博的集体著作在结构方面仍有所欠缺，但它确实以自身历史的化身为标志，就像构思它的文化模式一样。

从理论到技术

狄德罗想尽办法去了解各行各业的工艺技术，尽管大部分相关资料已经遗失，但仍留有部分线索可让人一探究竟。例如，狄德罗特意结识了精通丝织工艺的工人巴拉特（Barrat）、博纳（Bonnet）和洛朗（Laurent），他们向狄德罗解释了丝绒的制作手法。正是通过这种方式，狄德罗了解到了许多行业的工艺流程，如酒精蒸馏、针织品和印刷术；在雕塑艺术方面，狄德罗在凡尔赛结识了一位名叫路易·雅克·古西尔（Louis-Jacques Goussier）的人，他给予了狄德罗很大的帮助。

虽然许多手工艺者在探寻行业竞争对手的秘密时受益良多，但是他们对于自己的工艺技术却守口如瓶，生怕透露太多细节。狄德罗认为手工艺者的这种不信任是因为害怕捐税，他说道："艺匠，尤其是巴黎的艺匠，因为害怕捐税显得尤其谨慎……在他们眼中，任何一个怀着好奇心来询问他们的人都可能是'包税人'的密探。"然而，这种审慎的态度并不完全是因为同行之间的竞争，《百科全书》的出版人认为，这是无法将自身置于社会、人性和历史潮流中的产物。

狄德罗在编撰词条"百科全书"时恰如其分地表达了他对于这些人的愤怒："思想狭隘，心灵蒙尘，对于人类的命运无动于衷，只专注于自己的小世界，眼里只有自己的利益。"

在宗教思想领域，天主教会坚决反对《百科全书》，并于 1752 年颁布条令禁止

伏尔泰与百科全书派哲学家们的晚餐

伏尔泰于 1754 年加入《百科全书》的编撰工作。鉴于社会上流传的关于伏尔泰本人及其作品的丑闻，狄德罗决定让他负责一些不太重要的条目，例如“优雅”“想象”和“殷勤”等。《百科全书》编撰工作于 1752 年被禁，1753 年重获发行权后，狄德罗认为没有必要再去承担无谓的风险。此外，狄德罗还质疑伏尔泰的真实意图，而时间也最终证明了狄德罗当时的顾虑是正确的。从 1757 年起，《百科全书》的编撰工作遭遇危机，当时君主政体的拥护者和教会利用路易十六暗杀事件重新抵制百科全书派。与此同时，编撰者们还不得不应对第七卷中的条目“日内瓦”所引发的争议，而这个条目的编撰者达朗贝尔正是受到了伏尔泰的影响，当时伏尔泰对于日内瓦拒绝上演其创作的戏剧感到十分愤怒。

达朗贝尔最终退出了编撰工作，而伏尔泰此时发起了一项运动，旨在揭露法国没有言论自由，他劝说狄德罗去他国继续出版《百科全书》，而且伏尔泰认为《百科全书》项目最终会失败，便坚持要求将一些可能会让自己受到牵连的文稿退还给他。

插图 吉恩·胡伯创作的版画，画中描绘了伏尔泰贵为主宾的晚宴，晚宴会集了菲尔奈（Ferney）的许多哲学家。在伏尔泰旁边，沿着顺时针方向，依次是狄德罗（之前从未到过菲尔奈）、亚当·斯密、孔多塞（Condorcet）、达朗贝尔、莫里主教（l'évêque Maury）和德拉·哈珀（De La Harpe）。

销售该书；尽管 1753 年《百科全书》重新出版，教会仍在 1759 年将其列入禁书目录（*Index des livres interdits*）。耶稣会士在《特雷乌报》上抱怨《百科全书》的出版，认为此书充斥着毫无用处的信息，读者不得不“停下来去读那些没人感兴趣的词条”。由于长期受到经院式传统的影响，这些批评坚称，没有人会对诸如法国战车的制造工艺这样奇怪的问题感兴趣，不应该在书中花费大量篇幅去关注这些车辆的历史。

狄德罗在《百科全书》第三卷开篇的“告读者书”中对这些批评做出了回应。他借用了一个似乎不太具有象征性的词条，即第四卷中的“绳缆业”，以此表明“如果说在详述制作工艺的过程中有所欠缺的话，那就是篇幅太短，其实整个过程中的每个细节都很重要但又很难描述清楚”。编撰者们非常想把哲学价值、科学内涵和社会意义都融于一部著作，尤其是和职业相关的领域，《百科全书》致力于把那些拥有工具但缺乏思想的人和拥

《百科全书》年表

1745年

计划 出版商安德雷·勒布雷顿建议把英国人法莲·钱伯斯的《百科词典》翻译成法语。

1747年

新作品 勒布雷顿聘请狄德罗和达朗贝尔共同主编新的百科全书。

1751年

第一卷 《百科全书》的第一卷，由达朗贝尔撰写序言并出版。

1752—1753年

禁令 教会指责《百科全书》为“异端”，并下令禁止出版。1753年，《百科全书》才重新出版。

1759年

王室特许权的撤回 出版特许权被中止。达朗贝尔退出，狄德罗私下继续编撰工作。

1772年

最后一卷 随着最后一卷的出版，《百科全书》的编撰工作结束。

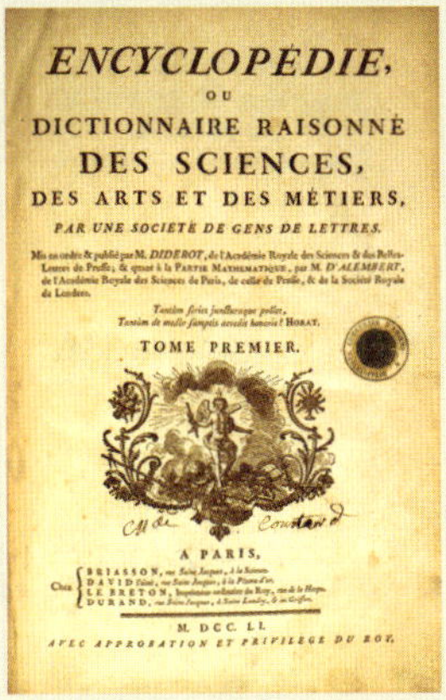
ENCYCLOPÉDIE,
OU
DICTIONNAIRE RAISONNÉ
DES SCIENCES,
DES ARTS ET DES MÉTIERS,
PAR UNE SOCIETÉ DE GENS DE LETTRES.
TOME PREMIER.
A PARIS,
M. DCC. LI.
AVEC APPROBATION ET PRIVILEGE DU ROY.

初版 1751年，《百科全书》第一卷在巴黎一出版，就立刻在法国社会引起巨大争议。

《百科全书》的版画，融科学于艺术

1762年，在《百科全书》第一卷出版11年后，第一卷插图版问世，随后又出版了10卷增卷，1772年出版了最后一卷。大部分插图都由路易·雅克·古西尔完成（他创作了大约2569幅插图），他还为《百科全书》的“职业”和“音乐”2个条目撰写了68篇文章。他在《百科全书》的编撰工作中起到了很重要的作用，被视作除狄德罗和达朗贝尔之外的第三位《百科全书》编写者，达朗贝尔于1747年邀请他一起编撰《百科全书》，并在此书的序言中提到了他。古西尔为了创作插图，前往外省参观手工作坊，了解不同的制作工艺。他在现场创作的画会被缩小比例，再交给雕刻师。狄德罗在印刷之前要负责检查每幅画的质量和写实性。虽然这些版画受到了公众的热烈欢迎，但编辑们却因此遇到了麻烦，由于《百科全书》的抨击者发现有些插图来自尚未出版的《艺术和手工业的描述》（*Description des Arts et Métiers*），便指控《百科全书》剽窃。

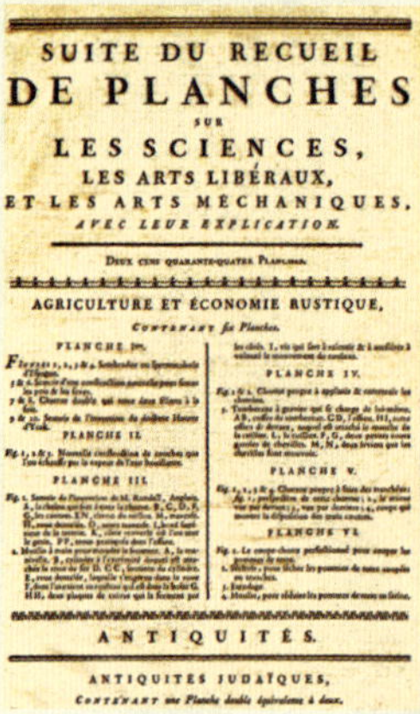
SUITE DU RECUEIL
DE PLANCHES
SUR
LES SCIENCES,
LES ARTS LIBÉRAUX,
ET LES ARTS MÉCHANIQUES,
AVEC LEUR EXPLICATION.

AGRICULTURE ET ÉCONOMIE RUSTIQUE,

PLANCHE Ire.

PLANCHE II.

PLANCHE III.

PLANCHE IV.

PLANCHE V.

PLANCHE VI.

ANTIQUITÉS.

ANTIQUITÉS JUDAÏQUES,

版画索引 第一卷插画版《百科全书》中索引的第一页。该卷中的插图十分翔实地展现了农业领域和土地经济领域，更全面地补充了书中的条目内容。

挂毯 《百科全书》中的版画能让读者详尽地了解每项职业的具体工艺流程。例如，上图是挂毯制作流程的第九步，而之前的几幅插图介绍了制作所需的工具，展示了尚未装饰挂毯和填充垫料的扶手椅。

有思想却不会使用工具的人联系起来。

值得注意的是，百科全书运动最初是由一个传统工艺美术协会推动的，该协会包括各行各业的从业者：数学家克莱罗（Clairaut）、钟表匠朱利安·勒罗瓦（Julien Le Roy）、音乐家让·菲利普·拉莫、旅行家夏尔·玛丽·德·拉孔达明和外科医生安托万·路易等。这个存续长达10年的协会，用达朗贝尔的原话说就是，想要“将机械艺术与科学融合，继而可以从中有所收获，正如钟表业之于天文学，眼镜制造之于光学”。因此，不能将百科全书运动仅视作那个时

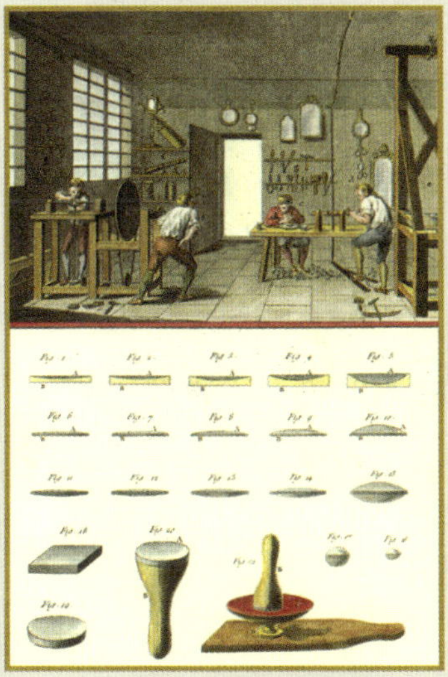

镜片 在达朗贝尔负责编写的关于镜片的文章里，添加了这幅相关插图，这张图翔实地展现了生产镜片车间的工作流程，并列出了不同的镜片类型。

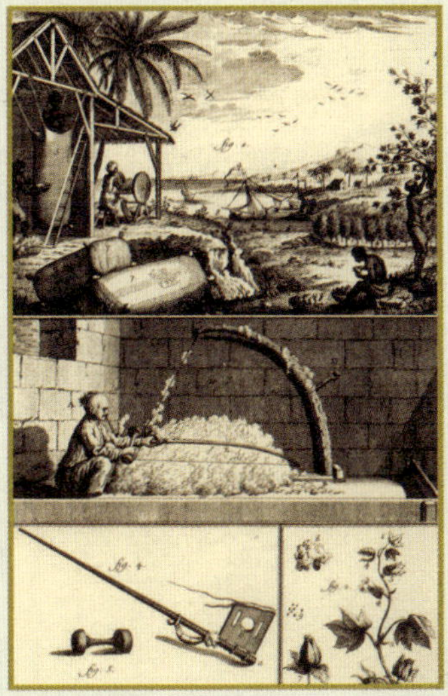

农业 《百科全书》编写者们想要创作出一本包罗万象的巨著，他们对法国乃至欧洲以外地区的农用工具非常感兴趣，这幅插图展现的正是美洲大陆棉花种植、收割和生产的过程。

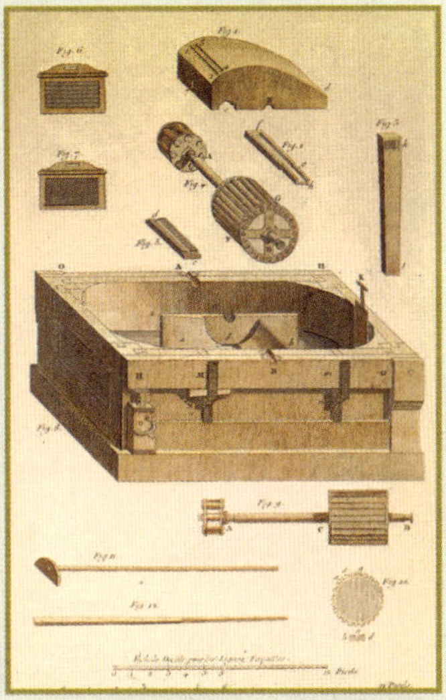

造纸 这幅插图的作者，路易·雅克·古西尔同时也负责撰写关于纸张生产的条目。为此他特意前往位于巴黎南部蒙塔吉斯（Montargis）附近的造纸厂，花了几个星期的时间和工人们一起讨论纸张的生产过程，最终完成了这幅插图。

代的一个特例。

正是编撰者的韧性，尤其是狄德罗，才最终铸就了这部启蒙时期最杰出的巨著之一。《百科全书》最初源自一个流产的翻译计划，即以法莲·钱伯斯（Ephraïm Chambers）所著的《百科全书，或艺术和科学通用词典》（*Cyclopaedia; or, an Universal Dictionary of Arts and Sciences*），该词典于1728年在伦敦出版，它是英国最初的百科全书类书籍，而当时的法国从未有过类似的著作。当初的翻译计划最终成就了一部巨著，这部著作是一本探究科学、艺

不朽的巨著　第一版共 35 卷，或称“巴黎版”（édition de Paris, 1751—1772 年），现藏于巴黎卢浮宫博物馆图书馆（Bilbiothèque du musée du Louvre, Paris）。

术和工艺的词典，在出版之初就致力于普及手工业相关的所有知识；它基于这样一种想法，即面对受限于宗教秩序和皇室特权的教育制度，让哲学普惠大众显得十分紧要。

启蒙的世界

这部《百科全书》最令人惊讶的地方之一是它的众多插图：包括增卷在内，共有不少于 13 卷遍布插画。《百科全书》中的图画不能被视作无关紧要的内容或纯粹为了补充说明。首先，配有文字的版画可以作为争议问题的有力佐证。例如，书中许多插图在 18 世纪后半叶广为流传，这个细节充分说明了图片的可信度，并且支持了这样一种想法，即通过客观事物来表述自然的实在性。例如，在《百科全书》的第二卷增卷中，通过两性畸形患者的插图以及许多其他插图来阐明一些具有争议性的理论，尤其在解剖学和自然史领域中。

其次，插图不仅仅可以用来解释一个知识点，还有助于详述某个领域的工艺流程；读者通过插画所具有的某种视觉效应来探究作坊的运作，由此不仅仅可以探知人们在作坊里做了什么，还可以知晓这些工艺是如何实现的。《百科全书》的一大功绩便是试图解释并利用图片阐明技术实践，然后将其上升为可以经由教授而获取的通用知识。这些阐明不同工艺的插画通常描绘的是正在工作的手工业者。

这是思想史上第一次在一本知识汇编的著作中涉及和工业、手工作坊及工艺的发展息息相关的实验性实践。由于受到亚里士多德的影响，科学和技术之间以及理论知识和人工技术之间存在着长期的对抗，而狄德罗坚持将知识付诸实践，以此终结了这种对抗。《百科全书》揭示了各领域内的行业工艺诀窍，使其成为普及性的知识。

英国贵族

图《结婚契约》（*Le Contrat de mariage*）是威廉·霍加斯（William Hogarth）创作的 6 幅系列油画《时髦婚礼》（*Mariage à la mode*, 1745 年）中的第一幅，谴责了 18 世纪英国上流社会金钱至上的婚姻观，由伦敦国家美术馆藏。

插图（右侧） 18 世纪巴洛克风格的果盘，现被马德里私人收藏（collection particulière, Madrid）。

开明社会

欧洲社会通过数次航海探险和殖民地开发积累了大量财富，但也在 18 世纪引发了一系列社会动荡。欧洲的地理扩张和文化变迁得益于科学和技术进步，并由此走向工业社会，其间社会人口流动、城市及信贷都起到了极其重要的作用。

虽然在狄德罗和达朗贝尔编撰的《百科全书》中，“法国”词条只有两小节，但“巴黎”词条却占了几页的篇幅，启蒙时期的欧洲仍然是一个以农业为主的社会。欧洲人口 80% 以上都是农民，整个社会也主要依赖农业生产和土地所有权，然而农业生产必然深受季节和气候因素的影响，而且以出身定阶层的社会规约很大程度上限制了社会的发展。国家的财富完全取决于所拥有的土地面积，整个 18 世纪，土地所有权都是世袭制的，是君主、贵族和教士的独有财产——虽然欧洲各国

18 世纪欧洲农村人口

17 世纪人口危机之后，得益于新土地开垦和农业新技术的运用，整个 18 世纪欧洲大陆的人口开始缓慢增长，其中占主要的仍是农业人口。

启蒙时期的欧州正在经历农村人口大增长。据估算，从18世纪到19世纪中叶，农村人口从9000万人增至1.65亿人，主要是因为农业变革使土地产量达到了前所未有的水平。当时盛行的重农论认为国家财富主要来自农业，但事实却恰恰相反，农业改革并没有改善农民生活。土地不属于耕作的人，众多欧洲中部地区的农民，尤其是普鲁士、波兰、匈牙利和俄罗斯等国的农民依旧被视作农奴。

插图 《夏天的乡村》（*La era o El verano*），弗朗西斯科·德·戈雅所绘，马德里普拉多博物馆藏。

国情千差万别，但无论哪个国家的农民和耕作者都无法享有其耕种土地的所有权。

尽管这样的社会经济环境存在诸多弊端，但欧洲在18 世纪经历的一系列翻天覆地的变化进一步扩大了欧洲与世界其他地区在经济、贸易和军事方面的差距。消费品市场的扩张，意味着依赖于土地所有权的经济体制正在转向基于资产所有权和信贷获取的体系，这一转变对于资产阶级社会取代封建社会起到了决定性的作用，同时也确保了欧洲今后在殖民地的霸权。

农业社会

东欧和中欧大部分地区一直沿袭农奴制，在18世纪农奴制甚至有所扩张——尤其在俄国，还有波兰、匈牙利和一些德意志公国。按照惯例，如果农奴没有获得主人的许可，就不能进行任何活动，如结婚或旅行。在哈布斯堡王朝以及彼得一世和叶卡捷琳娜二世统治时期的俄国，农奴除了耕种租用的土地以维持生计，还不得不遵从领主的要求，无偿耕种其他土地。这便是"robota"这个词的由来，在捷克语和其他斯拉夫语中意指"艰苦劳作"，在

杜尔哥，重农学派和财富流通

1766 年，杜尔哥出版著作《关于财富的形成和分配的考察》(*Réflexions sur la formation et la distribution des richesses*)，由此重农主义成为启蒙时期重要的经济学说。杜尔哥是当时的法国财政大臣，他推行重农主义政策之初，贵族施计令他失去了路易十六的支持，从而改革受阻。

对于重农主义者来说，农业是国家真正的财富，因此要保护农业促进产量，这也有利于收入的流通和分配，从而保障经济系统的有序运作。这就是要重归“自然”(phusis)权威，即农业。贵族地主应该做出表率，将拥有的土地用于耕种，就像英国贵族地主所做的那样。于是杜尔哥便着手修改英国的相关农业政策，让其更适用于法国，自1761年起杜尔哥担任利莫赞省(Limousin)总督，1774年至1776年担任财政大臣，在他上任之初，就开始推行农业改革政策。为此，他采取了有效的措施控制花费、减少亏空、促进谷物自由贸易，还建议国王立法规定特权阶级必须纳税，但遭到了反对，1776年1月，他的计划失败了，同年5月，杜尔哥被迫下台。

插图 杜尔哥雕像，朗特伊的曼内维尔城堡藏(château de Manneville, Lantheuil)。

这些地区该词被用来泛指农民，它也是“机器人”(robot)一词的前身。

相比东欧的情况，西欧农民的境遇似乎令人羡慕。在易北河(Elbe)以西，主要有法国、荷兰、意大利北部、德意志东部以及西班牙，还包括英国和瑞典，这些地区实行多种土地所有制并行的政策。除了贵族地主可以享有世袭的土地之外，资产阶级新贵也可以通过银行贷款或商业活动获取土地资源；还有极少数的农民也拥有土地所有权。

英国和欧洲大陆不同，有些人因为对国家有所贡献或是捐赠了大笔钱款而获得特权，并由君主授予其贵族头衔，如“爵士”（Sir）和准男爵（Baronet）。此外，还有一种更为特殊的情况，在英国被称为“绅士”的群体人数众多，他们也同样享有土地及产业所有权。在欧洲其他地区，司法在一定程度上阻碍了社会阶层的流动，而英国的这些新贵摆脱了司法障碍，能够更轻易地在乡村获取资产，从而跻身英国贵族地主之列。通常情况下，土地租赁带来的

拥有大量土地的乡绅（La Landed Gentry）

《安德鲁斯夫妇肖像画》（*Portrait de M. et Mme Andrews*）是托马斯·庚斯博罗（Thomas Gainsborough）最著名的画作之一。这幅画创作于 1749 年，展现了 18 世纪英国乡绅的家庭生活和社会地位，伦敦国家美术馆藏。这些小型土地所有者依靠土地租金生活，他们通常会在当地行政部门谋份差事，或者仅管理自己的土地。这一群体主要涉及四类贵族，即准男爵（baronet）、骑士（knight）、乡绅（esquire）和绅士（gentleman）。

收益足以维持生计，于是这些新贵有了闲暇时间用于阅读、狩猎或旅行，这便是中产阶级向往的生活模式。

一般来说，欧洲的农民仍然生活在非常严格的制度下，并受制于享有特权的精英阶层。在法国，农民必须向领主和君主缴纳税款。领主的责任就是确保农民向国家缴税，而他们自己则拥有免税权。农民以现金或实物的方式缴税，而征收的税款有时可能会高于应缴税款，由此领主便获得了除土地租金之外的额外收益。此外，对于诸如奶酪和葡萄酒之类的农业加工产品以及领地内的大小猎物，领主都享有特权。除了经济权利之外，领主有责任向军队输送新兵。领主还可以根据自己对法律和传统的解释在其领地行使司法权。英国总计有 60000 个地方法院（manorial courts），这些法院的日常运作都依靠农民缴纳的税金。

领主在经济、政治和司法上完全掌控着农业生产和农民的生活，而君主只能通过中央集权政策来削弱和限制这些封建领主的特权，以此加强国家权力。然而，对于没有土地所有权的农民而言，只有两种可能性：其一，臣服于君主制，但政府并不在意农民阶层的传统习俗，这可能会引起人们的不信任，也有损于政府的合法性；其二，服从于领主的家长制，但在这种制度下，领主滥用权力的现象极为普遍。

欧洲大部分地区农民的生存状况堪忧，他们吃不饱，住房简陋，没有安全感，饱受贫穷之苦，而贵族阶级却继续享有特权。只要出身贵族，就能首先确保社会地位和一系列特权：和普通大众不同，贵族不会被体罚或监禁，非贵族阶层的人无权审判贵族。国家行政级别最高的职位是贵族独享的，例如法官或军官。哪怕是地位低微的贵族也能在政府机关或公共部门担任要职，而且他们还被准许佩剑，比如西班牙的绅士或者“穿凉鞋的贵族”——这一称谓在匈牙利特指那些没钱买鞋的贵族。据历史学家统计，18 世纪末整个欧洲共有 350 万至 400 万贵族，大约占总人口的 3%。这其中包括君主和大领主，也包括没落的贵族。在西班牙和波兰，贵族人口的百分比更夸张，从理论上来说，大概每 10 人中就有 1 人是贵族。一般来说，18 世纪后半叶欧洲君主在实施改革过程中遭遇的最大阻力便来自贵族阶层。然而，他们的反对却产生了意想不到的效果，由于贵族掌控了最高法院和省三级议会，贵族阶层成为反对专制主义的抗衡势力。尽管当时民众想要建立一个平等且量才录用的社会，但这与贵族阶层的利益诉求相距甚远。

工业革命前的经济形势

从 1750 年至 1850 年，欧洲人口增加了 2 倍，从 1.4 亿人增至 2.65 亿人。其中，人口增长最快的国家是英国，人口从 18 世纪中叶的大约 600 万人增加到一个世纪后的近 1700 万人。卫生条件的改善，极大地降低了肠道疾病患病率，再加之鼠疫的根除，从而提高了出生率，且延长了寿命。尽管进行了疫苗接种，但美洲致死率最高的梅毒，还有在人口密集的大城市极易传播的斑疹伤寒持续肆虐欧洲。欧洲引进了美洲的土豆和西红柿，加之农业生产以及捕鱼技术的提高，改变了欧洲的饮食体系。17 世纪，欧洲遭遇了极寒天气，有些作家称之为欧洲的“小冰河纪”，进入 18 世纪后，气候有所回暖，这有利于农业产量的增长。

对于重商主义者而言，地理扩张具有积极的影响，因为随之而来的是产量和消费的增长。尽管重农主义者反对将贸易作为经济基础，但他们对于地理扩张也抱有支持的态度。重农主义认为，所有的财富都来自土地，合理利用农业资源是国家致富的唯一途径。引领这股潮流的先锋人物是弗朗斯瓦·魁奈（François Quesnay，1694—1774 年），他尝试在欧洲大陆推行英国的发展模式，他认为英国的繁荣正是源于此。狄德罗的《百科全书》中有好几个词条是由魁奈编写的，他由此呼吁国家应该介入基础设施建设，并认为这有利于国家的整体繁荣。由于国家的财富依赖于土地产出，人口越多便越有利于提升农业产量，也有助于小型土地开垦转化为大规模的农业产地。此外，应该向土地所有者征收税款，而不是那些租赁土地的人，尽管这可能会引起贵族领主的激烈反对。英国经济学家托马斯·马尔萨斯（Thomas Malthus，1776—1834 年）在其著作《人口原理》（*Essai sur le principe de population*，1798 年）中明确提出了重农主义者唯一的担忧，即人口增长超过食物的产能；马尔萨斯认为，如果人口以几何级数增长，而食物产量仅以算术级数增长，那么生活资料的短缺将是不可避免的。

在经济层面上，地理扩张改善了农业生产条件，有利于制造业的发展。随后

原始工业和新机器

18 世纪下半叶的技术革新开启了工业革命。英国是工业革命的主要阵地，这场革命改变了整个英国社会。

1734年，伏尔泰在他的《哲学信札》中提到了人类共有的“机械本能”。一系列机器和设备的出现促进了新兴工业社会的发展，从而证实了伏尔泰的观点。18世纪30年代，第一次出现了用机器织布的职业，1765年詹姆斯·哈格里斯夫（James Hargreaves）发明了珍妮纺织机（spinning jenny），它能够用几个筒同时织布。1768年，理查德·阿克莱特（Richard Arkwright）发明了水力纺纱机（第一台水力纺纱机）。这些新型纺纱机和蒸汽机的投入使用增加了产量，并且满足了不断增加的内部需求。它们也标志着传统生产方法和行会组织的衰败。

插图 参照威廉·霍加斯的作品制作的版画，描绘了伦敦斯皮塔弗德工厂的工人。

亚当·斯密

亚当·斯密被誉为古典经济学之父，为了纪念他及其著作，1797 年轧制的苏格兰便士正反面上印上了《道德情操论》和《国富论》。

便诞生了被经济史学家称为“原始工业”的现象，即一些地主和商人雇佣农村劳动力，并向他们提供原料来制作手工艺品，报酬以制作的产品数量来计算。作为交换，农民能够获得额外的收入补贴家用，而商人则增加了产品供应。从某种程度来说，这种原始工业化主要以纺织品生产为主，其生产模式介于手工业生产和未来工厂机械化生产之间，起到了一定的过渡作用。说到这里，不得不提及 17 世纪由让·巴蒂斯特·科尔贝（Jean-Baptiste Colbert）推行的改革，他试图建立生产和贸易的新法规。然而，科尔贝的改革尝试缺乏对当时经济现状的考量，脱离了实际。

亚当·斯密（Adam Smith，1723—1790 年）在其代

表作《国富论》(*Recherche sur la nature et les causes de la richesse des nations*，1776 年）中，支持灵活自由的雇佣关系和经济自由贸易，反对某些行会组织和社团代理强制推行具有约束性的规章。亚当・斯密借用了重农主义的说法“听之任之”(laisser-faire)，他坚信，除了赋税之外的经济活动都应遵守自然法则。国家的职责是确保在经济领域推行自然法则，防止垄断和欺诈。亚当・斯密批评了重商主义理论，重商主义认为可用资产是有限的，消费会减少国家财富，提倡生活资料生产，同时限制出口。

亚当・斯密的学说和重农主义不同，他认为，土地财富不仅仅依赖于农业，而是在于劳动和价值之间的关系，他指出一个产品的价值部分取决于生产所需的工作量。因此，一名耕种者投资农业机器来提高开垦效率，以此增加产量。重农主义最重要的特点便是“听之任之”，亚当·斯密把重农主义思想和他的新价值理论结合起来，他认为地方行业组织和国家都不应该干预市场。亚当·斯密指出，追求个体利益就是追求集体利益，国家财富取决于分工和专业化生产。市场的本质就是逐利——个人利益或国家利益，以自然法则为主导的市场机制就像一只“无形之手”，它有利于国家的繁荣：“只有出自获利的考量，人才会将自己的资产投入到工业中……利益是一切的出发点，工业管理就是为了让产品的价值最大化；就这点而言，正如许多案例表明的，在无形之手的驱使下，往往无法达到最初的设想；而无法达到最初的设想对于社会而言并不是最糟糕的结果。与无目的单纯地工作相比，个体为了追逐个人利益，通常会采用更有效率的工作方式，这也有利于企业利益。”

城市的生活方式

尽管欧洲人口以农业人口为主，但随着启蒙时期人口增长和生产及消费新形式的出现，城市得以扩张。18 世纪末，有 20 来个欧洲城市人口超过了 10 万人，如伦敦和巴黎等特大城市的人口超过了 50 万人。而农村人口高度分散，社会流动性非常有限，城市则会集了不同社会阶层的人，尽管他们并不总能和平相处。世袭贵族和乡村贵族在大城市购买产业，一方面是为了娱乐和消费，另一方面也是为了使投资多样化，并更好地控制投资。在某些情况下，例如路易十四时期的法国贵族阶层，他们只能常住宫廷，以此维持其影响力或确保其特权。开明文化中很重要的一部分依赖于上流社会的经济扶持，尤其是艺术和文学，而城市的繁荣则为上流社会带来了娱乐、消费品和新的社交空间。

除了权贵，城市还吸引了自由职业者，如律师、建筑师、医生、商人、银行家和食利者（rentiers），他们构成了城市大资产阶级。作坊主、公证员、裁缝、低级行政官员和工匠则处于社会底层。这个阶层还包括书商，而他们对于新兴社会阶层的思想传播起到了重要的作用。小资产阶级的许多成员掌握与其职业相关的知识、艺术和技能，他们享有某种行业特权，而普通大众则被排除在外。那些决定移居城

市的人通常不得不面对艰苦的生活环境，但是城市也为他们提供了在经济和社会领域发展的机会。

处于社会最底层的主要是手工业者和无技能傍身的劳动者，以及服务行业、建筑业和教育领域的一些从业者。尽管社会底层大众完全依赖大资产阶和贵族，但他们却是城市人口的主要组成部分。手工业者可以创立行业工会或职业协会，这些组织往往拥有产品生产和流通的绝对垄断权。而那些没有技能资质的劳动者总徘徊于贫困的边缘，究其原因主要是其职业的不稳定性，以及他们很难获得居所和所需的食物。

正因如此，在启蒙思想的影响下，城市极易爆发社

城市生活

18 世纪，城市及其郊区成为新思潮和新兴社会发展的试验场。传统集市既不同于中世纪的集市，也区别于之后几个世纪出现的专业集市，一直以来传统集市不仅仅是买卖交易，更是一个不可替代的会面场所。

插图 油画《赶集日》（*Jour de marché*, 1765 年），作者不详，私人收藏（collection particulière）。

会、文化和贸易动乱。北欧率先创立了贸易公司，旨在建立新的殖民地贸易网，尤其在美洲和加勒比海地区。金融工具以及银行信贷也进入了国际化的进程，例如荷兰银行家可以投资英国东印度公司。城市市场在18世纪孕育出了全球化的萌芽，于是地区影响力便可以通过市场从地方延伸至全球。茶叶、烟草和鸦片贸易发展迅猛，主要源于茶室以及期刊读者经常出入的新场所对于这方面消费的需求，这其实是现代社会的第一次资本扩张。大西洋的贩卖黑奴为贸易资本创造了净利，但随之而来的经济发展却试图和奴隶贸易的不人道行径撇清关系。18世纪后半叶，欧洲的贸易公司成为国家权力的新代名词。海外产品贸易很大程度上依赖于贵族和资产阶级的社会化品位和习俗。伏尔泰在其著作《哲学信札》(*Lettres philosophiques*)中把“舒适”描述为英国社会繁荣的一个特质，其实“舒适”包含了贸易利益、资本投资以及政府给予企业的特许权，此外还隐含了城市阶层对于流行产品的消费欲望。即使国家持续资助和扶持文艺、科学等事业，俱乐部和社团仍会逐渐获得新的资助方式，这有助于产生新的集体关系框架。

社交的繁荣和新会面场所的出现息息相关，它同时也有利于批评的发展：按照现在的说法，“舆论”其实是一场征服，它关系到社会生活的新方式，从农耕社会到原始工业化城市模式的逐步过渡，还有对基于贵族特权的社会经济秩序的质疑。除了像剧场此类约定俗成的聚会场所之外，还增添了沙龙、画廊、歌舞场、公共广场或长廊。正是在这些场所，新的城市精英和那些对自然有独到见解的民众相遇了。城市新资产阶级十分乐意尝试新事物——如巴黎国王动物园展出的大象，以及从美洲运至伦敦的热带美食。餐桌的乐趣曾经在于食物的精巧，而到了18世纪末，则要让位于新美食，比如风靡一时的菠萝。精致、细腻和感受力在一些画家的画作中得到了极致的表现，如布歇和弗拉戈纳尔，他们将爱丁堡学派的新医学哲学和新唯物主义哲学融入了绘画创作中，而正是爱丁堡学派发现了“神经系统”。

对于法国医生兼哲学家朱利安·奥弗雷·德·拉美特利而言，感官兴奋和性高潮与激情是不可分的。从很多方面来看，自然主义者布封对于18世纪中叶盛行

18世纪时尚的主宰

18世纪的时尚领域深受法国影响，尤其是法国宫廷和贵族阶层，时髦的服饰在其他地方通常被称为“法式服装”（costumes français）。衬裙或用裙环撑开的裙子曾风靡一时，这是一种为了让裙子鼓起来的设计，这种裙子在19世纪流行了很长一段时间。男士服装就简单多了，一般是一件长外套，一件背心和一条短裤，再加上一顶三角帽。

上图　《梳妆》（La Toilette），弗朗索瓦·布歇，马德里的蒂森—博内米萨博物馆藏（musée Thyssen-Bornemisza, Madrid）。

假发，必不可少的装饰品

直到法国大革命，假发都是社会地位的重要象征，是贵族发型必不可少的一部分，尤其对于男性而言。女性则喜欢在头发上扑粉，戴各种类型的鬈发、假发和别针，直至达到极其花哨乃至夸张的效果。这幅插图是一张19世纪的法国版画，展示了18世纪的几种假发款式。

文学俱乐部和阅读热

沙龙和咖啡馆并不是开明知识分子出入的唯一场所。在英国和德国出现了文学俱乐部，俱乐部的目的是交流新思想，为新兴精英分子提供社交场所。

涂鸦社（Le Scriblerus Club），是一个文学俱乐部，其成员有小说家乔纳森·斯威夫特、诗人亚历山大·蒲柏和编剧约翰·盖伊（John Gay）。1712年涂鸦社在伦敦成立。尽管其最初目的是抨击当时社会对学识的渴求，但支持阅读和求知的潮流仍在持续，也正是在这股潮流的推动下出现了阅读协会，协会会员广泛收集书籍来支持协会运作。尽管医学界对此有不同看法，医生认为在身体静止的情况下激发想象力是有害的。哲学家约翰·戈特利布·费希特（Johann Gottlieb Fichte）甚至把这种做法称为“麻醉”。

插图 19世纪的彩色版画，描绘了塞缪尔·约翰逊和他的传记作者詹姆斯·博斯威尔（James Boswell）在伦敦文学俱乐部（Literary Club de Londres）。

的某种观点具有决定性的影响，即认为感受至上是社会和谐的价值所在。因此，意大利启蒙运动的灵魂人物切萨雷·贝卡里亚声称自己是布封坚定的支持者，这也就不足为奇了。人类不是因为理性才团结在一起的，而是在感情和非理性欲望的驱使下，人类才会团结起来去建立一个全新的自然和社会秩序，但在理性眼中，这只是一种空想，它拒绝接受。布封最初的研究始于概率和计算问题，从1731年起，他认识到，数学不能反映现实世界，严谨的逻辑对于道德问题束手无策，有时逻辑甚至与常识背道而驰。1732年在巴黎定居后，布封在巴黎科学院担任助理教授，

塞缪尔·理查森 18世纪，各类文学作品纷纷问世，整个社会阅读之风盛行，塞缪尔·理查森的《帕米拉或美德有报》便是广受欢迎的作品之一。塞缪尔的巨大成功见证了一种新的感伤主义的诞生，其特征是感受胜过理性，小说的书信体结构也在某种程度上突显了这种情感，小说中的女主人公无须叙事者的干预即可表达自己。

插图 塞缪尔·理查森的肖像画，约瑟夫·海摩尔（Joseph Highmore）于1747年所作，英国出版同业公会馆藏（Worshipful Company of Stationers and Newspaper Makers, Londres）。

从而开启了他的学术生涯。他的支持者是一群“新兴人类”，他们激情澎湃，对生命满怀敬意，他们刚刚踏上政治舞台，有能力建立起属于他们的新的自然和社会秩序。狄德罗自认为具有“非比寻常的感受力”，因此他将其著作《对自然的解释》（*Pensées sur l'interprétation de la nature*）献给这群“新兴人类”。

18世纪中叶这种“感受力文化”（culture de la sensibilité）主要表现在习俗的演变以及身体的私密习惯。因为感觉是思想的来源，由此便能得出这样的结论，即可以基于相应的解剖结构来解释道德行为和认知能力。传统意义

欧洲小说的兴起

1719年

《鲁滨孙漂流记》（*Robinson Crusoé*） 英国小说之父丹尼尔·笛福最著名的作品。

1726年

《格列佛游记》（*Les Voyages de Gulliver*） 乔纳森·斯威夫特的这部讽刺小说描写了当时的人类生存处境和社会状况，这部作品是世界小说史上的杰作之一。

1749年

《汤姆·琼斯》（*Tom Jones*） 兼具《堂吉诃德》和流浪汉小说的特点，亨利·菲尔丁的这部作品在当时获得了巨大成功。

1759—1767年

《项狄传》（*Vie et opinions de Tristram Shandy*） 凭借着小说中的白页和在印刷上的创新，劳伦斯·斯特恩尝试了小说创作的各种可能性。

1774年

《少年维特之烦恼》（*Les Souffrances du jeune Werther*） 约翰·沃尔夫冈·冯·歌德的这部作品在德国掀起了一场真正的小说热。

1782年

《危险关系》（*Liaisons dangereuse*） 德拉克洛这部书信体小说体现了贵族阶级的轻浮。

上感觉和思想之间的差距被逐渐拉近，以至于混淆了记录感觉的能力和判断力之间的区别。许多这类学说的传播依靠的是公共演讲、自由主义者的布道和期刊发行，如《旁观者》《绅士杂志》《女士博物馆月刊》，这些杂志在启蒙时期广受欢迎。

在文学领域，英国作家塞缪尔·理查森（Samuel Richardson）的小说尤其体现了这种对人类行为的全新阐释。还有亨利·麦肯锡（Henry Mackenzie）、劳伦斯·斯特恩（Laurence Sterne）和丹尼尔·笛福（Daniel Defoe），他们的小说讲述了或悲伤或苦闷的故事，读者在阅读中享受共情的愉悦，他们同情受害者，憎恶刽子手；霍勒斯·沃波尔（Horace Walpole）的戏剧，以及大卫·加里克（David Garrick）在特鲁里街皇家歌剧院（théâtre de Drury Lane）上演的剧作也是如此。文学试图让公众直面疾病的痛苦和死亡的折磨，在注重感受力的文化潮流中，卢梭的《尤丽或新爱洛绮丝》是最具表现力的作品之一，正是在这种感受力的影响下，整个社会都在为一个虚构的人物的逝去而悲痛。深受洛克影响的感觉论哲学通过孔狄亚克神父的著作在法国流行起来，感觉论哲学在狄德罗的生机论哲学中找到了最激进的表述：“感知即存在。”18 世纪中叶，法国社会的潮流和品位被一种思想所引领，即勇于去感受。

农业和工业革命

大规模的商品生产并不是18世纪所独有的，和机器的大量引入也关系不大。矿业开采和农业开垦，以及战船和武器的大规模制造从17世纪后半叶就开始发展起来了。工业化是促使整个18世纪飞速发展的因素之一，然而大力开垦农业，加之在工业革命（révolution industrieuse）影响下需求的调整，这些对于经济领域而言也是极具意义的。在荷兰、英格兰南部、普鲁士北部以及美洲殖民地，这些地区经济的发展与消费模式的演变密不可分，而这种演变有助于产品生产效率的提高和行销手段多样化，也为许多其他国家的产品打开了市场。

从殖民地大量引进的茶和咖啡使早餐发生了变化，促进了瓷器和餐桌用织物的贸易。习俗的演变对于消费模式的变化也起到了一定的作用，如日益增长的家庭生活"私有化"，曾经无所不在的宗教领域所规定的时间表已走向终结，个人卫生的新形式以及人类与疾病、出生与死亡的新关系，都刺激了产品的需求，如家具类产品。这种现象不仅仅有利于手工业，还促进了生产和原材料的进口。基于这些特点，一些历史学家把18世纪看作"消费社会"诞生的世纪：公民的身份不再取决于政治地位（作为君主的臣民），也不依赖于其阶级出身，而是在于他们所归属的潜在消费群体。

这些因需求而引起的"工业革命"有利于贸易和资本流动，催生工业化和机械化以提升供应量。18世纪的最后25年见证了许多小型工厂作坊的诞生，它们大多数从事织物生产，其产量大大超过了农村地区以手工劳动为主的工厂。

尽管许多新兴产业雇佣了大量的劳动力，但是产量增长越来越依赖于机器。18世纪60年代，不少棉纺机可以纺织不同的原料，尤其是棉和羊毛，为此英国大量引进了这类机器。有些机器可以手工操作，而也有一些机器需要外力驱动，比如水磨纺织机。因此，一些河畔城市就可以利用水资源扩大生产，提高棉织品的销量。曼彻斯特（Manchester）便是如此，工业化引发了人口的井喷式增长，其人口从1760年的17000人增至1830年的180000人。与此同时，原始工业化和贸易活动

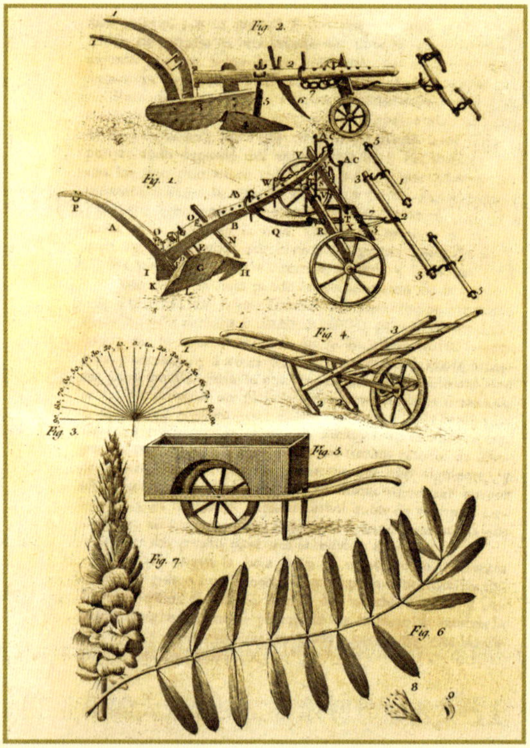

技术创新和盈余增长

18 世纪，农业耕作方式经历了一系列剧变，影响了农业的耕种和生产方式。尽管最初遭到土地所有者和农民的反对，但这些革新带来了令人满意的结果，即农业盈余和人口增长。

尽管自中世纪以来欧洲某些地区在农业用途和耕作方面几乎没有改变，但启蒙思想家却致力于改变农业。引入新作物，如土豆、玉米或西红柿，使其在饮食习惯中占有一席之地。同时，政府推动大型基础设施建设，例如用于灌溉大片土地的运河。开垦新的田地，并采用创新的农业技术，例如诺福克轮作制（la rotation quatriennale de Norfolk），交替种植萝卜、三叶草、大麦和小麦，或者使用新的机械，如农学家杰思罗·托尔（Jethro Tull）发明的播种机（1701年）。

插图　《百科全书》中一幅版画上的农具。

持续增长促进了就业率的提升，就业不再受到季节限制，也无关个体资质，因此一个家庭中便可以有多个成员就业。

蒸汽机的发明解决了启动机器所需的水力问题。1712年，基于托马斯·萨弗里（Thomas Savery）先前的发明，托马斯·纽科门（Thomas Newcomen）设计了纽可门机，用来抽掉煤矿坑道里的积水，之后经过苏格兰工程师詹姆斯·瓦特（James Watt，1736—1819年）改良成的蒸汽机，可适用于多种用途。作为燃料的煤炭供应充足，极易开采，煤炭蒸汽机可以优化纺织品的生产流程，也有利于扩大矿产量和改善工具的制作工艺。由此，机器变得越来越普及，而煤炭的产量也持续快速地增长。在这种良性循环下，蒸汽机

新兴工业

德比郡的约瑟夫·赖特于1772年创作的《铁匠铺》，伦敦的英国泰特美术馆藏（Tate Britain, Londres）。在赖特的画作中，这幅画体现了英国新兴工业革命的精神。画作的独创性并不在于利用水力移动锤子（这不算创新），而在于将这个工业活动作为艺术表现的对象和动机。

纽科门和瓦特的蒸汽机

蒸汽机是工业革命的伟大发明，蒸汽机使人类拥有了一种前所未有的动力，使产量倍增。

蒸汽的实际应用是古希腊工程师亚历山大的赫伦（Hérond'Alexandrie）的梦想，但直到17世纪末，才出现了第一台蒸汽机。在业余发明家爱德华·萨默塞特公爵（Edward Somerset）的研究基础上，托马斯·萨弗里于1698年为自己发明的机器申请了专利，该机器能够利用蒸汽从很深的矿井中抽水。托马斯·纽科门从中获得启发，于1712年发明出一种效率更高的设备，但是该机器仍会流失掉大量蒸汽，因此也损失了很多能量。詹姆斯·瓦特提供了解决方案，他通过添加一个单独的电容器来改进机器，防止能量损失，同时显著减少了煤炭消耗。此外，瓦特还使蒸汽机适用于工业，例如织布机或磨坊。

插图 使用纽可门机器在英格兰进行煤矿开采，利物浦的沃克美术馆藏（Walker Art Gallery, Liverpool）。

的用途越来越广泛，继而推进了技术的不断更新，并且使得之前无法量产的产品产量倍增，比如陶瓷。钢铁的产量也因此得以提升。

之后，随着原材料价格的下调，给经济带来了积极效应，也使得一部分之前大众眼中的奢侈品进入了寻常百姓人家。例如在纺织品生产领域，丝质服装的产量大增，有利于此类产品在富裕资产阶级中的普及，而正是这类消费人群引发

詹姆斯·瓦特 这位苏格兰工程师将蒸汽的实际应用拓展至采矿业之外，功率的单位也以他的名字“瓦特”命名。

插图 由卡尔·弗雷德里克·冯·布雷达（Carl Fredrick von Breda）于1792年创作的詹姆斯·瓦特肖像画，伦敦科学博物馆藏（Science Museum, Londres）。

了现代社会最重要的现象之一：时尚。

此外，大量新机器的发明使得劳动力市场发生了变化，那些不具备技能，或是只会操作机器的人也能轻松找到工作。于是，工厂逐渐取代了手工作坊，因为工厂可大量雇佣男人、女人和孩子进行全天密集工作，而手工作坊只能基于专业化劳作，其劳动力来源是通过学徒期获取技能的手工业者。

18世纪的伦敦（第166—167页）

《泰晤士河边的圣保罗大教堂，市长就职巡游日》（*La Tamise et la cathédrale Saint-Paul, le Lord Mayor's Day*），作者乔万尼·安东尼奥·康纳尔，也称卡纳莱托，大约创作于1747年至1748年间，布拉格国家美术馆藏（Galerie nationale, Prague）。这位威尼斯画家再现了伦敦市长大人就职当日巡游的盛大场面。画面前排，挂着英国国旗的帆船鸣放礼炮，向伦敦市长所在的船队致敬，市长乘坐的是配有蓝色华盖的平底小船。

欧洲各国增加军费开支

启蒙思想的出现并没有阻止 18 世纪的军事冲突，欧洲各国君主不得不建立起一支强大、现代化和装备精良的军队，但这需要雄厚的财政作为支撑。普鲁士和英国等强国为了更好地管理资源，纷纷实施制度改革，以便确保本国在欧洲的影响力。

插图　普鲁士的十字功勋章，1760 年，德国柏林历史博物馆藏（Deutsches Historisches Museum, Berlin）。

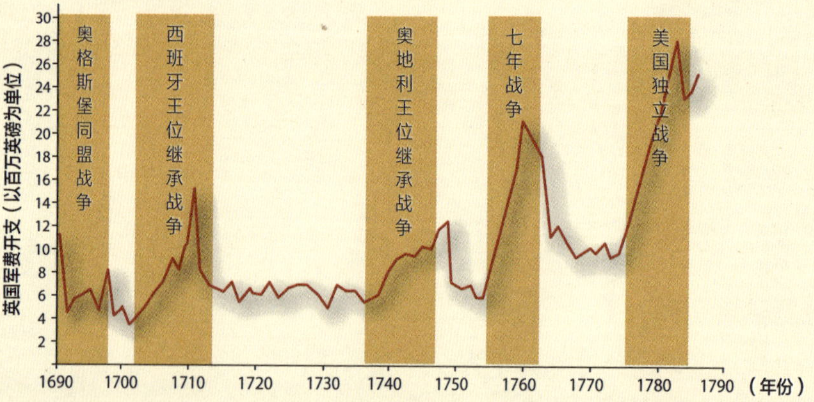

来源：《权力之源：战争、金钱和英国国家1688—1783年》（*The Sinews of Power: War, Money and the English State 1688—1783*），约翰·布鲁尔（John Brewer）著。

军事改革

在军事领域，整个 18 世纪，各国在军队专业化以及海陆军日常补给方面的开销剧增。各国还纷纷推行新的征兵制，出现了专业部队。也是在这个时期，海军开始使用专门的军用船舶，尽管之前的海军船舶也装备了武器，但这些船舶还有其他用途。

由于军事改革的开销越来越大，各国为了确保战场优势，不得不调整财政收支。1752 年，法国的军费开支占国家总预算的 40%，在七年战争之初，1756 年则增至 52%。国家的收入主要来自发行公债，公债的利息在整个 18 世纪逐年上涨。事实上，军事发展导致军费开支倍增，继而又增加了国家债务。1756 年，法国军队共计 60 万士兵，包括雇佣兵和民兵，战争期间又额外征兵 30 万人。17 世纪中叶，普鲁士军队人数增至 3000 人左右，奥地利王位继承战之初，军队人数达到 8 万人。七年战争结束时，弗里德里希二世率领的普鲁士军队已超过 20 万人。

关于征兵制，从军事角度而言，最有效的征兵体系是由普鲁士的弗里德里希・纪尧姆一世创立的，他奠定了军队在普鲁士的地位。这位"军曹国王"以区为单位指派一位官员负责征兵事宜，每个成年人都必须到地方政府机关登记，加入后备军进行军事训练，随时准备为国出征。尽管这个征兵体系也有例外的情况（贵族地主和富商可以出钱请人代替其参军），但它可以在战时动员普鲁士—勃兰登堡将近 5% 的人口，也使得普鲁士成为当时欧洲列强之一。

对于普通士兵和低级军官而言，军队生活远非轻松自在。18 世纪后半叶，一些临时棚屋被设为部队营房，但卫生条件很糟糕，一是因为缺乏卫生设施，二是因为军队人口过密。军饷微薄，军纪则粗暴专制。18 世纪 60 年代，部队开始推广军服，但只有极少数士兵可以领取军服。尽管如此，参军却是旧制度时期少数可以实现阶层跨越的机会。例如在法国，非贵族出身的平民可以通过向国库缴纳一笔特别费用以获得军官头衔；在普鲁士，则恰恰相反，军官是贵族特权，路易十六也曾试图效仿普鲁士在法国推行此项政策。

在技术和医疗方面，由于 18 世纪各国冲突不断，战事升级，从而引发了这两个领域内的一系列重大革新。尤其是将枪击盘燧发装置运用于火枪和手枪，还有在火枪管上装备刺刀，这成了普鲁士军队的象征。战争医疗对于外科的发展起到了极其重要的作用。1754 年，巴黎外科科学院提议举办一场公开竞赛，旨在确定最适合战场的外科手术方法。英国著名的外科医生约翰・亨特曾在七年战争期间服役（1761 年），他并不赞成在战场上实施外科手术。他认为，对于遭受枪伤的患者，首先不要急于取出子弹；那些不截肢便会有生命危险的患者，仍然不推荐在战场实施手术；而对于腹部和胸部被弹片所伤的患者，建议留观即可。法国外科医生多米尼克·让·莱弗里（Dominique Jean Larray）则持相反的意见，他认为，在不危及伤者生命的情况下如能挽救另一个患者，则不应推迟手术。

艺术革新

18世纪，艺术的发展离不开审美需求，而巴黎在这方面的影响力尤其深远。例如，从1737年开始，绘画和雕塑皇家学院每两年组织一次美术展览“沙龙”（salon），许多画家在此期间展出自己的作品。作为新“艺术史”的一部分，这些展览活动不仅使公众得以欣赏美术作品，还可以对艺术家的才能和技巧发表评论。在美术展举办期间售出的画册从1759年的7000册增至1781年的18000册。哲学家狄德罗可谓当时艺术评论的先驱，他在由格里姆男爵主编的期刊《文学通讯》（*Correspondance littéraire*）上对这些美术展发表评论。德国人约翰·乔希姆·温克尔曼（Johann Joachim Winckelmann，1717—1768年）被誉为艺术史之父，他也是新古典主义的重要理论家之一，他于1764年出版了著作《古代艺术史》（*Histoire de l'art de l'Antiquité*）。

至少从17世纪末开始，巴黎就与罗马争夺世界艺术之都的称号。1715年路易十四的去世标志着古典主义走向没落，以及艺术品位即将发生深刻的变化。启蒙时期的欧洲艺术受到医学和心理学发展的影响，这两个领域的研究成果揭示了肌肉敏感性和神经应激性，由此这个时期的艺术家倾向于描绘具有表现力的身体动作，以及这些动作所传递出的柔美和情感。洛可可（rococo）这个术语是“装饰物”（rocaille）和“巴洛克”（baroque，出自意大利语baroco）两个词的结合，主要指18世纪末一种繁复的装饰艺术形式，其灵感来自自然和曲线及反曲线运动，洛可可旨在表现一种感受力，它起源于法国和意大利，其影响力延伸至奥匈帝国，以及一些位于南方的德意志公国。

这种艺术风格的表现力在安托万·瓦托（Antoine Watteau，1684—1721 年）、弗朗索瓦·布歇（François Boucher，1703—1770 年）、让·巴蒂斯特·格勒兹（Jean Baptiste Greuze，1725—1805 年）以及让-奥诺雷·弗拉戈纳尔（Jean-Honoré Fragonard，1732—1806 年）的绘画作品中达到了极致。这些创新艺术家进一步革新了巴洛克晚期的美学标准，他们在创作过程中用光线、色彩和精巧的装饰来突出启蒙时期的社会精英。《舟发西苔岛》（*L'Embarquement pour Cythère*）是瓦托最受欢迎的画作之一，这部作品不仅致敬了逝去的经典，并将新的社会

洛可可风格

巴黎卢浮宫博物馆藏的《舟发西苔岛》是瓦托最具象征性的作品之一，也是 18 世纪绘画领域杰作之一。这幅油画创作于 1717 年，瓦托首次以优雅的宴会为绘画主题，即悠闲的贵族阶级在户外举办的聚会。这幅乡间场景具有神话的象征意义，描绘了驶向爱情之岛的旅程（古希腊的西苔岛上有一座阿芙罗狄蒂神庙）。

生活形式融入文艺复兴时期的绘画主题中。弗朗索瓦·布歇在画作《狄安娜出浴图》（*Diane sortant du bain*，1742 年）中对于古典神话特有的主题进行了一次细致改编。洛可可风格的画作通常弥漫着一股淫奢之风，它不会刻意掩饰其对于私密或激情场景的偏爱，这正是弗拉戈纳尔的某些代表作所着力要体现的。创作于 1776 年至 1779 年间的《闩》（*Le verrou*）便出色地表现了画家的这一特点，还有《秋千》（*Les Hasards heureux de l'escarpolette*，1776 年）也是。《闩》表现了屈服于肉体愉悦前最后的抵抗，而《秋千》则捕捉到了由上层社会的一种新娱乐方式带来的激情和放浪。在新的绘画材料方面，许多艺术家，尤其是法国艺术家，出于技巧考量选择了色粉，这种涂料非常适合当时盛行的室内肖像对于画质细腻的要求，如让-巴蒂斯特·佩罗诺（Jean-Baptiste Perronneau，1715—1783 年）的画作《少女与猫》（*La Fillette au chat*，1745 年）。

在意大利，绘画的发展离不开美术学院的扩张，18 世纪学院数量从 3 个增至 14 个。其中，1666 年路易十四创立的罗马法兰西学院先后由让·巴蒂斯特·科尔贝、夏尔·勒布伦（Charles Le Brun）和吉昂·洛伦佐·贝尼尼（Gina Lorenzo Bernini）主持，学院在路易十五统治时代迎来了鼎盛期。在威尼斯，卡纳莱托（Canaletto）——又称乔万尼·安东尼奥·康纳尔（Giovanni Antonio Canal，1697—1768 年），弗朗西斯科·瓜尔迪（Francesco Guardi，1712—1793 年），贝纳多·贝洛托（Bernardo Belloto，1721—1780 年）——也称小卡纳莱托（Canaletto le Jeune），他是卡纳莱托的侄子，这几位艺术家致力于创作城市风景画。詹巴蒂斯塔·提埃波罗（Giambattista Tiepolo，1696—1770 年）是 18 世纪意大利伟大的艺术家，他将宗教或世俗的戏剧化场面融入精美的绘画中。提埃波罗声名远扬，曾服务于多个欧洲君主，最后，在西班牙宫廷度过了生命最后的时光。

在雕塑领域，让-巴蒂斯特·皮加勒（Jean-Baptiste Pigalle，1714—1785 年）尤为令人瞩目，他为撒库斯元帅（maréchal de Saxe）坟墓创作的雕塑作品堪称杰作，其中融入了戏剧场景，现存于斯特拉斯堡圣托马斯新教教堂（Saint-Thomas à

菲迪亚斯再世

被称为“菲迪亚斯再世”的新古典主义大师，意大利人安东尼奥·卡诺瓦创作的大理石雕像呈现出启蒙时期女性美的典范。

插图 《美惠三女神》(*Les Trois Grâces*，1814—1817 年)，圣彼得堡艾尔米塔什博物馆藏。这座雕塑共有两个版本，这是其中的第一个版本，当时已享有盛名的卡诺瓦参照了 1799 年的一幅画作以及一些图片和石膏像，在此基础上完成了这座雕像。

Strasbourg）。在罗马，尽管巴洛克艺术已进入发展晚期，但贝尼尼的门生仍在坚持一种类似特莱维喷泉（la fontaine de Trevi）的风格，该作品出自菲利波·德拉瓦勒（Filipino della Valle，1698—1768年）和彼得罗·布拉齐（Pietro Bracci，1700—1773年）。在热那亚，弗朗切斯科·奎罗洛（Francesco Queirolo，1704—1762年）的创作技艺登峰造极，令人叹为观止。他的作品能雕刻出精美的面纱，透过织物的纹理传递出人物的情感，存于那不勒斯圣塞维罗礼拜堂（la chapelle Sansevero）的作品《幻灭》（*Désillusion*）堪称其巅峰之作。在法国，让-巴蒂斯特·勒莫恩（Jean-Baptiste Lemoyne，1704—1778年）、埃蒂安·法尔科内（Étienne Falconet，1716—1791年）以及奥古斯丁·帕如（Augustin Pajou，1730—1809年），他们的作品无论在情感表达还是雕塑形式方面都体现出一种细腻精致的风格。在西班牙，菲利普五世登基后，形象艺术的改革之风盛行，代表人物是弗朗西斯科·萨尔齐洛（Francisco Salzillo，1707—1783年），他致力于用彩木雕刻宗教题材的作品。

18世纪上半叶洛可可风格占据了主导地位，而后半叶则要归于新古典主义，其特点便是注重形式上的平衡和比例。在英国和意大利，建筑领域盛行帕拉弟奥派风格，此种建筑风格取名自16世纪意大利杰出的建筑师安德烈亚·帕拉弟奥（Andrea Palladio），其特点是运用简单的几何形状和以白色为主的装饰元素，苏格兰建筑师罗伯特·亚当（Robert Adam）的作品淋漓尽致地体现了这种建筑风格。在绘画领域，题材以表现自然风景为主，代表人物有托马斯·盖恩斯伯勒（Thomas Gainsborough，1727—1788年）和活跃于19世纪初的约翰·康斯特勃（John Constable，1776—1837年），其他的绘画题材还有民间习俗和日常生活。英国皇家美术院的首任院长约书亚·雷诺兹（Joshua Reynolds，1723—1792年）是理想化肖像的杰出代表，而新古典主义绘画的领军人物无疑是法国画家雅克·路易·大卫（Jacques Louis David，1748—1825年），他的作品标志着与洛可可优雅之风的决裂，并使得法国绘画重新回归朴素的表现方式，而这正是古希腊和罗马时期的美学标准。

开明艺术家坚信绘画和感受力之间存在着一定的联系，他们也同样偏爱家庭场景，例如让-巴蒂斯特·西蒙·夏尔丹（Jean-Baptiste Siméon Chardin，1699—1779 年）的作品，英国艺术家威廉·霍加斯（William Hogarth，1697—1764 年）的画作和雕刻作品，以及让·巴蒂斯特·格勒兹的“道德绘画”作品中都能感受到这种趋势。在西班牙，风俗画盛行，弗朗西斯科·德·戈雅（Francisco de Goya，1746—1828 年）绘制的大型挂毯草图便是其中杰出的代表。他的作品显现出早期浪漫主义风格，18 世纪末的其他画家也同样如此，尤其是威廉·布莱克（William Blake，1757—1827 年）和约翰·海因里希·弗斯利（Johann Heinrich Füssli，1741—1825 年）。在雕塑领域，新古典主义的杰出代表是意大利艺术家安东尼奥·卡诺瓦（Antonio Canova，1757—1822 年），也被称为“菲迪亚斯再世”（nouveau Phidias），他着力表现这个时代的新女性典范。

在音乐领域，18 世纪见证了两代音乐家在风格上的传承和创新：安东尼奥·维瓦尔第（Antonio Vivaldi，1678—1741 年）、乔治·菲利普·泰勒曼（Georg Philipp Telemann，1681—1767 年）、约翰·塞巴斯蒂安·巴赫（Jean-Sébastien Bach，1685—1750 年）和乔治·弗里德里希·亨德尔（Georg Friedrich Haendel，1685—1759 年）出生于 17 世纪；约瑟夫·海顿（Joseph Haydn，1732—1809 年）和沃尔夫冈·阿玛多伊斯·莫扎特（Wolfgang Amadeus Mozart，1756—1791 年）则出生于启蒙时期，他们放弃了巴洛克风格，奏响了古典主义的序曲。和其他的艺术类别一样，音乐也冲破了教会的阻碍，由此进入了新的世俗空间，如音乐厅和歌剧院。随着工艺的进步，音乐行业从中受益匪浅，尤其是新的音乐符号系统、乐器的制作和改进，以及和声技巧。巴洛克晚期最杰出的音乐家之一便是约翰·菲利普·拉莫。1722 年，拉莫出版了《和声基本原理》（*Traité de l'harmonie réduite à ses principes naturels*），在书中他将科学研究的原理运用于音乐艺术，这部作品也被认为是西方音乐发展的奠基之作。

在文学领域，现代小说诞生于启蒙时期，读者对小说人物的认同感和移情十分

肯伍德府（Kenwood House）

伦敦汉普斯特德（Hampstead）的一座庄园，18 世纪末罗伯特·亚当（Robert Adam）对这座宅邸进行了改造。

下图 亚当设计的银质的里士满赛马杯（Richmond Race Cup，1764 年），波士顿美术博物馆藏（Museum of Fine Arts, Boston）。

有利于小说的发展。情感小说，尤其是 1750 年起出现的享乐主义小说是 18 世纪最受欢迎的小说类型。这个时期的重要作家有英国的塞缪尔·理查森、亨利·菲尔丁（Henry Fielding）、亨利·麦肯锡和丹尼尔·笛福，法国的狄德罗、卢梭和肖代洛·德拉克洛，这些作家都曾涉足过这两类小说。在大城市里流行的新兴小说通常采取书信体形式。在有些情况下，小说也起到了表达社会诉求和政治评论的作用。狄德罗的小说《修女》（*La Religieuse*）以及乔纳森·斯威夫特的

《格列佛游记》，这两部作品延续了孟德斯鸠在《波斯人信札》（*Lettres persanes*）中创建的传统，即大声控诉当时的“黑色兽”（bêtes noires）：集体欺诈和社会伪善。

档案：报刊时代

18世纪见证了读者群体的扩大、文学品位的演变，以及新公共空间的应运而生，其中包括本地公共空间和可超越国界的纸媒空间。

报刊业的发展和印刷术的发明息息相关，印刷术简化了出版物的翻印和传播过程。尽管报刊业可追溯至最早期的城市文明（中国大约在公元618年出版了几本刊物，在罗马帝国，信息技术也曾经历过一段蓬勃的发展期），新闻刊物最初是以半年鉴或年鉴的形式出版，这类出版物始于现代社会开创之初。作为新闻业主要的组成部分，定期的新闻报道取决于两大因素：从信息接收中心到发行市场或商业化市场的转变，以及能够实现定期且高效分发印刷品的邮政网络。

早期“报刊”

日刊直到19世纪初才出现，其受众仅限于具有一定经济基础和文化素养的读者。在此之前，市面上发行的主要有两类刊物，即由大城市出版的商业化新闻刊物，以及大众化的小报。1534年，诞生于科隆的《来自西班牙和意大利的新报纸》（*Neue Zeitung aus Hispanien und Italien*）是欧洲最早的报刊之一。哈布斯堡王朝的鲁道夫二世（Rodolphe Ⅱ），即德意志神圣罗马帝国的皇帝，于1597年下令出版月刊。17世纪初，同一类型的刊物分别出现在阿姆斯特丹、奥格斯堡、柏林、斯特拉斯堡、汉堡和维也纳，在此之前，欧洲其他地区以及美洲地区还从未出版过类似刊物。

报纸刊登的内容须经过官方审查，而那些能获得皇室特许权的报刊大部分是具

“第四权力” 报刊在当时十分流行。甚至被认为是政客们每日不可或缺的日常。某期法国讽刺报刊上的这张漫画描绘了一位正在“喝水吃面包”的政客。

第一批日报的诞生

1650年

《新到新闻》（*Einkommende Zeitungen*） 穆由蒂莫西斯·里兹赫（Timotheus Ritzsch）在莱比锡创办，他是纸媒创始人之一。

1702年

《每日新闻》 第一份英语日报，出版于1702年3月11日，在创刊初便将观点和新闻明确分开。

1711年

《旁观者》 由理查德·斯梯尔（Richard Steele，1672—1729年）和约瑟夫·艾迪生（Joseph Addison，1672—1719年）创办，这份英语期刊发行量达到3000册，每周发行6天，获得了巨大成功。

1777年

《巴黎日报》（*Journal de Paris*） 法国第一份日报，内容主要包括巴黎新出版的文学读物、演出和要闻，一直出刊至1840年，1792年曾经中断。

卖报人（Vendeur De Périodiques）

在18世纪和19世纪部分时间里，日报和杂志的销售基本上都是流动的，和这尊1770年的卡波迪蒙泰（Capodimonte）小瓷像表现得一样。

有政治新闻垄断权的官方报业。尽管报刊业已经在欧洲范围内逐渐发展起来，但当时影响力最大的报纸当数出版于1631年的《法兰西公报》（*Gazette de France*），它称得上是其他同类报纸的典范；瑞士的官方新闻刊物诞生于1631年，而马德里和阿姆斯特丹的同类刊物则分别问世于1661年和1663年。这些刊物是整个17世纪欧洲和美洲最为常见的报刊。然而，由于宗教战争、北方七省对抗西班牙的斗争，以及因资产阶级兴起而导致的社会冲突，使得旨在传播新思想的非官方报业应运而生。相较于以公报为主的官方纸媒，此类报纸则主要通过地下途径传播。

18世纪，尽管日刊尚未普及，但却出现了一大批新报刊。1702年3月在英国出版的《每日新闻》（*The Daily Courant*）是英国史上第一份报纸，然而几乎同时发行首刊的《诺维奇邮报》（*Norwich Post*）则对前者冠以此殊荣表示质疑。

报刊业最初以提供简单的书面新闻服务为主，其发行方式则是通过中转或邮政系统，之后报刊业的内容逐渐多样化，涉及政治、社会和宗教，以及其他各类新闻。此类报业在18世纪非常繁荣，但对于报刊用途进行管理的需求也很快被提上了议事日程。尽管法国革命派最初是新闻自由的支持者，但督政府和帝国当局开始越来越重视新闻管控，就像之前旧制度时期一样。

快速增长期

18 世纪的历史学家曾提到过印刷术用途的革新，以及这个时期报刊消费的大幅提升。启蒙时期见证了人类历史上第一次真正的信息传播进程，它使得不同社会阶层的个体，即使远隔千里，也可以交流思想和分享见闻。除了技术方面的日新月异，这场报刊业的革命还应归功于扫盲运动的开展，以及大众对于新闻的喜好。例如在普鲁士乡村，到 1750 年只有 10% 的人口识字，而到 18 世纪末识字率则增至 40%。英国在同一时期，识字率从 30% 增至 60%。

识字率的提升和源于开明思想的教育改革息息相关，此外，阅读习惯、阅读方式，以及公众的阅读兴趣对于报刊业的发展也起到了极其重要的作用。无所不在的《圣经》和其他宗教读物已完全无法满足新读者的需求，他们的阅读兴趣呈现出多样化的趋势。游记、情感小说、哲理小说和享乐主义小说，以及地理、历史和哲学类著作是资产阶级最喜爱的书籍类别。此外，还有和职业相关的著作，此类书籍涉及了不同职业的专业问题，从而满足了商人、银行家和手工业者的需求。年历是现代社会最常见的定期出版物，它的销量每年估计有数千册。

期刊和日刊发展迅速。在伦敦，期刊数量从 1704 年的 9 份增至五年后的 19 份。同一时期，科学社团创办了学术性期刊。欧洲第一本科学杂志是由德尼·德·萨罗（Denis de Sallo）和加罗瓦神父（l'abbé Gallois）主编的《学者周刊》（*Journal des savants*），首刊于 1665 年 1 月 5 日。1665 年 3 月 6 日，两个月之后伦敦皇家学会出版了《皇家学会哲学汇刊》（*Philosophical Transactions of the Royal Society*）。我们今天熟知的重要科学期刊便是源自这两本杂志，期刊内容大多出自学术机构的通讯会员、国外学者，以及由最权威的研究者署名编撰的报告和文章。成立于 1666 年的巴黎科学院后来还发行了《历史与学术论文集》（*Mémoires*）。这

新的发行渠道

随着资产阶级的兴起，对于直接获取未经审查信息的需求也相应增长，18 世纪初的英国满足了资产阶级的这一需求。《每日新闻》成立于 1702 年，其宗旨是“每日提供客观公正的新闻报道”。这是一份正式的原则声明，不久之后其他类似的出版物便纷纷问世，随即成为伦敦阅读沙龙和咖啡馆里的必备品。政党报刊的出现成了政治家激烈论战的阵地。许多出版商，如《旁观者》的约瑟夫・艾迪生，都期望新闻业能提高读者的道德素养。然而，并不是只有资产阶级需要新闻：孟德斯鸠惊讶地发现工厂工人们同样渴望及时了解报刊上的新闻。因此，1787 年保守党议员埃德蒙・伯克（Edmund Burke）称报刊业为“第四权力”（quatrième pouvoir）毫不令人感到意外。

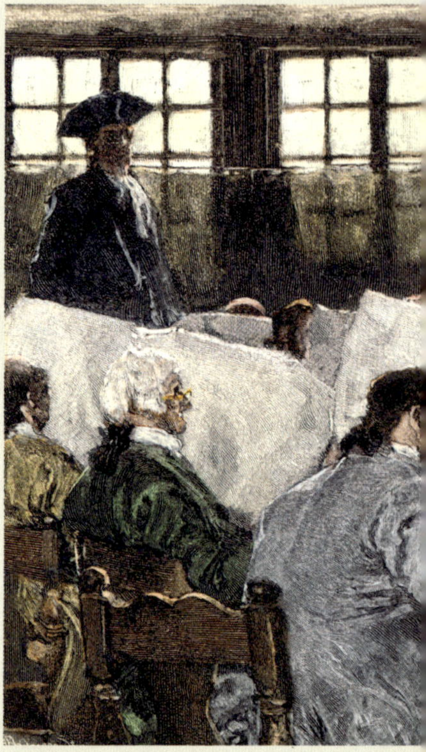

插图 19 世纪版画，描绘了 18 世纪的阅览室，参考了霍华德・派尔（Howard Pyle）的画作。

两个机构分别用法语和英语发表文章，而柏林科学院则出版了拉丁语期刊《学术记事》（*Acta Eruditorum*）。该刊创立于 1682 年，它以《学者周刊》为模板，是日耳曼地区第一本科学类杂志。

一些如全能的耶稣会这样的大型宗教团体拥有自己的传播和发行渠道。例如《特雷乌报》（*Journal de Trévoux*），也被称为《特雷乌论文集》（*Mémoires de Trévoux*），它在 18 世纪很长的一段时间内（1701—1782 年）定期出版。此刊极力反对狄德罗《百科全书》中的观点，以及其他启蒙时期的哲学读物。《特雷乌报》

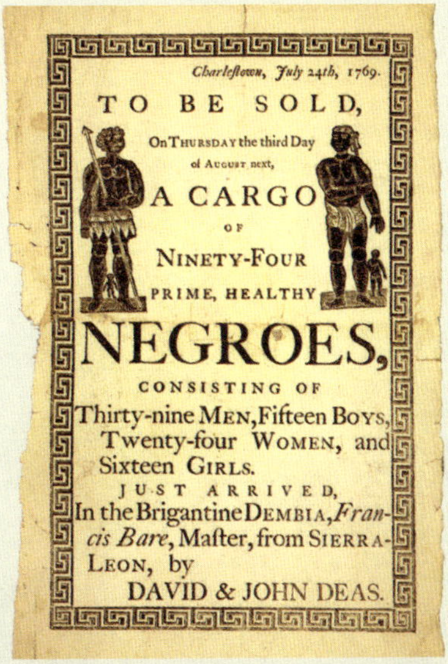

Charlestown, July 24th, 1769.
TO BE SOLD,
On THURSDAY the third Day
of AUGUST next,
A CARGO
OF
NINETY-FOUR
PRIME, HEALTHY
NEGROES,
CONSISTING OF
Thirty-nine MEN, Fifteen BOYS,
Twenty-four WOMEN, and
Sixteen GIRLS.
JUST ARRIVED,
In the Brigantine DEMBIA, *Francis Bare*, Master, from SIERRA-LEON, by
DAVID & JOHN DEAS.

广告的诞生　随着报刊发行量的不断增长，商人通过付费的形式利用报刊来宣传产品。

插图　1769年7月24日，一份《美国日报》上刊登的贩卖奴隶的广告。

还充当了教会发表政见的平台，耶稣会是一个跨国的宗教机构，它利用出版物作为其影响力的延伸，在不同地区成员之间实现交流互通。

英国刊物《绅士杂志，或商贸行情员月刊》(*The Gentleman's Magazine; or, Trader's Monthly Intelligencer*)是一本大众化的杂志。该刊创立于1731年，刊物名中第一次使用了法语“杂志”(magazine)这个词，它主要刊登一些时事报道、地区新闻，甚至还有治疗某些疾病的药方。这本杂志会集了一批如塞缪尔·约翰逊(Samuel Johnson)这样有威望的知识分

阅读习惯 纽约市民的家庭日常，一家之主忙着看报。版画，约1700年。

子，此外，杂志刊登各种类型的新闻，这些内容可以用于了解当时英国新兴资产阶级的品位和娱乐，非常具有参考价值。这本杂志的流行与读者的阅读兴趣关系密切，当时涉及各类主题的实用类书籍十分畅销，18世纪就出现了十几本类似的著作。此类书籍内容涉猎广泛，从牛顿力学到显微镜的使用，无不一一涵盖，而其中通俗易懂的科普读物尤其受欢迎。

在新科学的传播过程中，女性扮演了极其重要的角色。《绅士杂志》相对应的女性刊物是《女士博物馆月刊》(*Lady's Monthly Museum*)，而《娱乐和教学指导》(*Polite Repository of Amusement and Instruction*)直到18世纪末才问世(1798年)，此时已有其他同类刊物问世。18世纪40年代，《女性观察》(*The*

先驱：第一批头版头条

印刷术的快速发展促进了书籍的出版，以及年历和报刊的大量印刷，从而满足了公众对信息日益增长的需求。一些出版物逐渐有了固定的读者群体，开始定期出版。

№ 299 1835.

Thorsdagen den 24 Dec.

Sveriges STATS-TIDNING eller Post- och Inrikes Tidningar.

《英里克斯邮报》（*Post-Och Inrikes Tidningar*） 由瑞典女王克里斯蒂娜（Christine）和首相阿克塞尔·乌克森谢纳（Alex Oxenstierna）于1645年创办，旨在发布政府公告，以及有关公司或破产的信息，这份刊物是迄今为止仍在运营的最古老的报纸。从2007年起，该报只在网络发布。

GAZETTE

De Pera le 10 Iuillet 1631.

EN fin voila le Capitan Bacha échapé, & qui fait maintenant peur à ceux qui luy en faisoient n'agueres. On dit qu'il a passé les Chasteaux avec l'armée nonobstant sa disgrace & la promotion du Restangi Bachi faite à son prejudice. Les vns disent qu'il est alé en Chipre y joindre son frere qui en est Bacha. Les autres l'Eunuque Facardin son oncle, & les autres que sa route est droit à Tripoli : mais tous le tienent homme d'esprit d'avoir pû se dépestrer si dextrement des pieges qu'on luy avoit tendus.

De tous les Princes qui ont des Ambassadeurs à ceste porte il n'y a que le Roy Tres-Chrestien qui paroisse protecteur des Catholiques, sans laquelle protection qui leur hausse le courage, ce climat & tout l'Orient en suite leur seroit inaccessible. L'experience s'en vid encor vers la fin du mois passé auquel vn de ceux qui furent dônez à ce Capitan apres la prise du vaisseau sainct Sebastien par les Corsaires

《法兰西公报》 在路易十三和红衣主教黎塞留的资助下，由泰奥夫拉斯特·勒诺多（Théophraste Renaudot）于1631年创办，后迅速成为国家和王室宣传的日报，尤其是在路易十四执政时期。该报内容主要涉及国家的政治和军事新闻。

The Gentleman's Magazine:

St JOHN's GATE.

For MAY 1759.

《绅士杂志》 该出版物于1731年创刊，1922年停刊，是第一个在标题中使用“杂志”的出版物。创办者爱德华·凯夫（Edward Cave）希望这份期刊成为一个开放的空间，以便探讨公众普遍关心的问题，从时事到文艺批评。塞缪尔·约翰逊是其中最负盛名的特约作者之一。

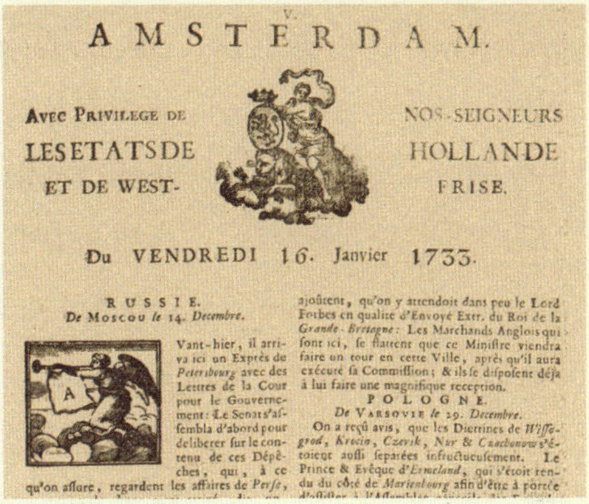

AMSTERDAM.

AVEC PRIVILEGE DE NOS-SEIGNEURS LES ETATS DE HOLLANDE ET DE WEST-FRISE.

Du VENDREDI 16. Janvier 1733.

RUSSIE.
De Moscou le 14. Decembre.

Avant-hier, il arriva ici un Exprès de *Petersbourg* avec des Lettres de la Cour pour le Gouvernement : Le Senat s'assembla d'abord pour deliberer sur le contenu de ces Dépêches, qui, à ce qu'on assure, regardent les affaires de *Perse*, … ajoûtent, qu'on y attendoit dans peu le Lord Forbes en qualité d'Envoyé Extr. du Roi de la *Grande-Bretagne* : Les Marchands Anglois qui sont ici, se flattent que ce Ministre viendra faire un tour en cette Ville, après qu'il aura exécuté sa Commission ; & ils se disposent déja à lui faire une magnifique reception.

POLOGNE.
De Varsovie le 29. Decembre.

On a reçû avis, que les Diettines de *Wissogrod*, *Krocin*, *Czersk*, *Nur* & *Czachonow* s'étoient aussi separées infructueusement. Le Prince & Evêque d'*Ermeland*, qui s'étoit rendu du côté de *Marienbourg* afin d'être à portée …

《阿姆斯特丹公报》（*La Gazette d'Amsterdam*） 一些遭到宗教迫害从法国逃至荷兰的避难者创办了这份刊物，主要报道全球政治新闻，创刊于17世纪下半叶，但直到18世纪才开始大量发行。该报由法语撰写，于1796年停刊。

Female Spectator）是《旁观者》旗下的一本刊物，该刊由作家兼政治家约瑟夫·艾迪生创办，《女性观察》认为，任何女人都可以在一个夏天的时间内掌握自然哲学基本原理。《女士日记》（*Ladies' Diary*）是一本英国年鉴，它介绍过从桶里泵水的不同方式。关于女性和开明思想之间的关系，夏特莱侯爵夫人（marquise du Châtelet）可谓独树一帜：她将牛顿的《自然哲学的数学原理》翻译成法语，她支持伏尔泰的观点，此外，她还于 1740 年出版了《物理学教程》（*Institution de Physique*）。意大利人劳拉·芭西（Laura Bassi，1711—1778 年）也是一位杰出的女性：她是第一位在欧洲大学任职的女性，也是当时最杰出的哲学家和科学家之一，她一边在学校教授数学和牛顿物理学，一边还在波伦亚的家里操作科学实验。

对于知识的迷恋带动了地理书籍的热销，尽管这些书籍主要是简单地介绍城市、地区或是一些具有异域风情的国家，但却非常受读者欢迎。此外，还有关于各类主题的文选，如药方、书法、舞蹈和剑术等。在工具书方面，最畅销的两本是路易·莫莱里（Louis Moreiri）的《历史大辞典，或神圣与世俗历史的奇妙混合》（*Le Grand Dictionnaire historique, ou Le Mélange curieux de l'histoire sacrée et profane*）（该书问世于 1674 年，但直到 18 世纪才开始广为流传，它被翻译成多国语言，其中有西班牙语、意大利语、德语、英语和荷兰语），以及英国历史学家劳伦斯·伊查德（Laurence Echard）编撰的地理词典《地名词典，或新闻记者的翻译》（*The Gazetteer's, or Newsman's Interpreter*，1703 年），它也被译成了多国语言，有法语、意大利语、西班牙语和波兰语。正是由于词典类书籍盛行，才使得出版商安德雷·勒布雷顿（André Le Breton）有意将以法莲·钱伯斯的著作《百科全书，或艺术和科学通用词典》翻译成法语。

公共舆论

在整个 18 世纪，“公共事件”不再被等同于政治和政府行为。为了不断扩大启蒙思想家的言论影响力，公共空间成为一个可以畅所欲言的理想会面场所。这个空间无须遵从阶级尊卑，人们的交往更多是基于社交礼仪，而不是传统习俗。这些新空间通常位于一些功能性建筑附近，如剧院、科学院或沙龙，如由伊丽莎白·蒙塔古（Elizabeth Montagu）举办的伦敦蓝袜沙龙（des Blue Stockings à Londres），以及巴黎一位富有的寡妇——乔芙兰夫人（Madame Geoffrin）的沙龙，她每周一次在家里接待哲学家和来自世界各地的造访者。还有一些非实体性质的公共空间，比如一些读者团体。

异国情调的魅力

柏林夏洛滕堡宫的瓷器陈列室，建筑师约翰·弗里德里希·埃奥桑德·哥德（Johann Friedrich Eosander von Göthe）在弗里德里希一世时期负责扩建城堡。

插图（右侧） 为纪念发现新西兰200周年发行的HMB奋进号（HMB Endeavour）纪念章，惠灵顿的新西兰蒂帕帕国家博物馆藏（Museum of New Zealand Te Papa Tongarewa, Wellington）。

欧洲的扩张

18 世纪的欧洲史俨然就是一部世界史，它对世界其他地区有着深刻的影响，尤其是太平洋沿岸地区。美国独立战争、西班牙和葡萄牙的殖民地改革、奴隶贸易以及海地革命都与欧洲经济和文化的扩张休戚相关。

18 世纪末，西班牙和葡萄牙拥有整个南美洲和大部分中美洲。葡萄牙还占据了印度和非洲沿海地区。尽管法国在七年战争中失去了一部分海外领地，但仍在加勒比海地区、圭亚那、印度洋、太平洋和非洲大西洋沿岸坐拥多个殖民地。英国也是如此，其殖民地遍布美洲、亚洲和太平洋地区。丹麦控制了格陵兰岛和冰岛海域的捕鲸业，还向印度派遣了一些福音传教团。

殖民统治带来的经济利益深刻影响着联盟体系、欧洲各国间的外交、国家财政资金筹措方式以及商品和服务贸易。当海外领地的战略价值、军事价值和贸易价值

来自南海的“新奇玩意儿”

1769年，布甘维尔把奥图鲁（Aotourou）带回了巴黎，1774年，欧麦成为第二个踏上欧洲大陆的塔希提岛人。欧麦在伦敦生活了三年，时常出入上流社会，之后他随同库克船长的第三次太平洋探险航行回到了塔希提岛。

插图 欧麦肖像画，约书亚·雷诺兹，英国霍华德城堡藏（château Howard, Royaume-Uni）。

日益显现，欧洲人由此接触到了世界各地不同的生活方式和习俗，从而拓宽了自身的文化视野，即使有时这些新的生活方式和习俗似乎有违于他们自己的传统。小型中国文化展在欧洲各国宫廷举办时，欧洲掀起了翻译和出版东方文献的热潮。1771年，专注于印欧语系研究的语法学家威廉·琼斯（Willian Jones，1746—1794年）出版了第一本《波斯语语法》（*Grammaire persane*），1784年他创办了亚洲学会（Société asiatique），这是欧洲第一个致力于研究东方语言和文化的学术机构。

18世纪上半叶，整个欧洲对异国风情趋之若鹜，这其中不仅仅涉及消费品，对于欧洲人而言，他们在对

异域文化的理想化过程中，找到了考量自身文化传统的一个新视角，孟德斯鸠和狄德罗正是从中汲取了灵感，创作出了《波斯人信札》和《八卦珠宝》。

英国探险家兼制图员詹姆斯·库克船长（James Cook ou Capitaine Cook，1728—1779 年）在结束第二次航海探险后重返欧洲，船长此次从塔希提岛带回了一个当地人欧麦（Omai），此人在伦敦上流社交圈被视作一个“新奇玩意儿”。画家约书亚·雷诺兹为他创作了一幅著名的肖像画，于 1776 年在皇家学院首次展出，这幅作品被誉为 18 世纪艺术的标志性作品之一。

从 1602 年荷兰东印度公司的创立到 1799 年该公司的倒闭，欧洲与世界其他地区的关系至少可以表现为三

殖民的代价

欧洲殖民统治对于新世界的人口和环境产生了巨大的影响。

插图 罗兰·萨委瑞（Roelandt Savery）的画作《鸟类景观》（*Oiseaux dans un paysage*）；画作右下角的动物中可以看到渡渡鸟，是毛里求斯群岛特有的一种鸟类，由于不会飞行而被大量捕食，1700 年左右，即在被人类发现仅仅一个世纪之后，渡渡鸟便灭绝了。该画现由维也纳艺术史博物馆藏。

个方面：航海探险，海上国际贸易（包括贩卖奴隶），以及和殖民地的关系。无论如何，发现新大陆促使开明的欧洲社会以一种异国的且具差异性的新视角去思考自身认知的局限性。当来自世界各地的新奇事物涌入欧洲各大城市，各国间的贸易关系逐渐发生了变化，由此需要重新界定欧洲与殖民地之间的关系，同时也需要加强军力以确保贸易安全。从殖民地的角度来看，欧洲的殖民统治对于当地的人口结构和环境产生了深远的影响。这不仅仅涉及某些动物品种的灭绝，如阿拉斯加海豹（phoque d'Alaska）和渡渡鸟（dodo）——一种生活在毛里求斯的鸽形目鸟类，此外许多土著部落被驱逐，甚至被灭绝。

异国情调的探索

塞缪尔·瓦利斯（Samuel Wallis）船长于1767年发现了塔希提岛，法国探险家路易·安托万·德·布甘维尔上校（Louis Antoine de Bougainville，1729—1811年）和库克船长在之后的几次航海探险后，都将塔希提岛描绘成失落的天堂。尤其是布甘维尔，他于1768年撰写了一本旅行游记，描写这些岛屿上土著人的生活方式，由此欧洲人便认为这些岛屿受到了上天的眷顾，因为岛上不存在私人财产，也没有任何旧世界的性禁忌。这些岛屿如同失落的天堂，在那里无须理会道德枷锁和教会传统的束缚，人们的生活方式仍处于原始状态，就像很久以前的人类祖先。

对于塔希提岛的发现者以及最初的来访者而言，这里就是新乌托邦，这是费里贝·科梅森（Philibert Commerson）博士给塔希提岛取的名字——1766年至1769年期间，他曾经陪同布甘维尔进行环球航行；约瑟夫·班克斯（Joseph Banks）称其为"新世外桃源"（nouvelle Arcadie），身为自然学家的班克斯曾参加了库克船长的第一次航海探险；布甘维尔则将其命名为新基西拉岛（la Nouvelle-Cythère），他曾在《环球纪行》（*Journal*）中写道："岛上的土著人尽情享受着……爱情带来的愉悦，他们献祭的神明便是我唯一信仰的神明。"1772年，继卢梭的《论科学与艺术》（*Discours sur les sciences et les arts*）和《论人类不平等的起源和基础》（*Discours sur l'origine et les fondements de l'inétalité*）之后，德尼·狄德罗出版了《布甘维尔航海补遗》（*Supplément au voyage de Bougainville*），在书中狄德罗借用了卢梭的说法——“高尚而原始”（bon sauvage），将居住在太平洋岛屿上的土著人描绘成世界上最幸福的人。这个充满原始风情的岛屿与欧洲社会的精致假面形成了鲜明的对比，而欧洲则在漫长的开化过程中经历了习俗的崩塌，整个社会已逐渐背离自然伦理。

尽管之后的探险航行很快便揭示出原始部落生活方式中不那么美好的一面，尤其是不幸的库克船长，他被夏威夷岛的土著人杀害并吞食，但布甘维尔和库克船长的看法一样，都认为欧洲人在社会行为中体现出的理性或不理性具有其特定的社会经济背景和文化背景，因此当谈及其他地区的人时，也应考虑到他们相应的社会、经济和文化背景。

例如，狄德罗通过研究塔希提岛人的性习俗来揭示欧洲社会秩序的基础，而正是这种社会秩序使得欺诈之道盛行。《百科全书》最初的几卷中也穿插着尖锐的批评，这些批评分散在一些看似无关的词条中，批判欧洲人丢失了人类的本源，他们的生存状态有违其本心和人类的自然发展趋势。编者在词条“Abiens”中指出，斯基泰王国的民众（un peuple scythe）习俗非常纯净，那里没有诗人，没有哲学家，也没有雄辩家，“但他们并不会因此而得不到尊重，被认为不够勇敢或缺乏智慧”。狄德罗还在一个词条中提到了贝都因人（des bédouins），“贝都因人没有医生，也没有法学家，因为他们只遵从自然的公正性，他们认为疾病就是衰老，是自然的选择”。

遥远之地的殖民统治、对热带地区自然环境的开发以及对其居民的剥削，引起了一股对异域风情的迷恋之风，而这也可以用来解释当时的一些现象：首先，对于差异的狂热甚于新鲜事物；其次，地理发现在欧洲的传播；最后，曾经认为必须以“基督教”来定义欧洲，但随着这种陈旧思想的没落，欧洲的身份确认正在经历转变。从 17 世纪最后 10 年起，土耳其奥斯曼帝国逐渐走向衰亡，欧洲已不再需要用基督教来对抗伊斯兰教了。《百科全书》中仅仅将“异国的”（exotique）当作形容词，与外来的植物和水果联系在一起。在浪漫主义之前，从未提及过今天所谓的“异域风情”（l’exotisme），只涉及外来的物品或习俗。路易十四在凡尔赛宫展出大

对穆斯林后宫的痴迷

东方的穆斯林后宫是一种截然不同的文化象征，18 世纪开明的欧洲人对此十分着迷。

插图《在穆斯林后宫喝咖啡的土耳其人》(*A Harem Scene with Turks Drinking coffee*，1760 年)，克里斯蒂安·威廉·恩斯特·迪特里希(Christian Wilhelm Ernest Dietrich)所作，现为个人收藏(collection particulière)。

象和长颈鹿，主要出于两种目的：其一，介绍一座非凡的港口；其二，拥有此类宝物是其权力的象征。外来商品和其他消费品一样，都标志着豪华，甚至可以被视作交际场上的奢侈品。

异域风情促使一种古老的叙述体裁开始流行起来——游记。而出现在这类书籍里的"淫秽故事"不仅仅来自书中大量提及的性欲，还有被书中无耻之徒偷窥到的在一些隐秘场所上演的肉欲场面。例如，启蒙时期有三部伟大作品叙述了发生在东方的故事，书中的女眷成为具有典型异域风情的描写对象：孟德斯鸠的《波斯人信札》、安托万·加朗（Antoine Galland）的《一千零一夜》和狄德罗的《八卦珠宝》。在这三本书中，女人是欲望的客体，拥有了她就意味着过上了奢华和富有的生活，书中甚至还将女人和感觉主义的实验哲学相关联：“我们把自己呈现在你的面前，在华丽的服饰和精美的首饰穷尽了你的想象力之后：你欣喜地看到了我们的艺术奇迹；你会为我们竭尽全力取悦你的热诚而赞叹，”《波斯人信札》如是写道。启蒙时期，文学描写真实的或想象的旅行，这类似于文艺复兴时期盛行的讲述奥秘的书籍，那时博学之人必然要担当起捍卫真理之责。有两本游记翔实地描绘了东方世界，即探险家兼商人让-巴蒂斯特·塔维尼埃（Jean-Baptiste Tavernier，1605—1689 年）的《乡绅男爵达博纳——让-巴蒂斯特·塔维尼埃在土耳波斯和印度的六次旅行》（*Les Six Voyages de Jean-Baptiste Tavernier：écuyer baron d'Aubonne, qu'il a fait en Turquie, en Perse, et aux Indes*），以及旅行作家让·夏尔丹（Jean Chardin，1642—1713 年）的《夏尔丹骑士在波斯以及东方其他地区的旅行》（*Voyages de monsieur le chevalier Chardon en Perse et autres lieux de l'Orient*）。从 1665 年到 18 世纪末，启蒙作家们平均每年创作 4 部游记。其中有一些作品执着于描写幻想生物，如海军准将约翰·拜伦（John Byron，1723—1786 年）创作的旅行故事《巴塔哥尼亚海难》（*Naufrage en Patagonie*）中的巴塔哥尼亚巨人。

知识和游记之间的联系产生了一种新的矛盾心理：异域风情让人们重新审视何为正常、道德和宗教，从而质疑人类的定义。地理意义上的偏远之地与违反社会和道德秩序之间产生了一种微妙的联系。对于欧洲文明一无所知的那个世界成了滋生异教信仰和堕落野蛮习俗的所在地。“我们往南走向一片真正的蛮荒海岸，在那里我们确信所有黑人部落会驾驶独木舟包围我们，折磨我们。 如果我们要上岸，就极可能落入野兽或更残忍的野蛮人之口”，笛福小说中的主人公鲁滨孙·克鲁索（Robinson Crusoé）在谈及几内亚海岸时如此断言。30 多年后，刚从塞内加尔归航的亚马孙号船长撰写了一篇报告，此文由巴黎科学院发表，文中提及了一种生活在塞内加尔沿海地区的动物，被命名为“Caniapro-Lupo-Vulpes”，之所以这样取名是因为这种动物和它名字中所涉及的那些动物十分相像（狗、野猪、狼和狐狸）。

随着历史进程的推进，对异域风情的迷恋出现了地理上的偏移，即从东方转向太平洋地区，最后聚焦在美洲大陆。对于大多数欧洲人而言，美国独立战争不仅仅是殖民地和宗主国之间的冲突：这场战争是一个契机，去创造一个不同的社会，去尝试摆脱旧制度的结构和惯例。

与此同时，响起了反对不惜一切代价开垦海外领地资源的抗议之声。例如，卢梭认为，殖民统治只是一种维持人与人之间永久不平等的残酷方式。纪尧姆·雷纳尔神父（Guillaume Raynal，1713—1796 年）在其著作《欧洲人在东西印度群岛殖民和贸易的哲学及政治历史》（*Histoire philosophique et politique des établissements et du commerce des Européens dans les deux Indes*，1770 年）中，更为具体地指出了“合理的”殖民统治有其局限性，表现在当地土著人的权益以及他们道德上的优越性。这种道德上的矛盾心理也同样体现在奴隶贸易方面：虽然雷纳尔把贩卖人看作一种野蛮的行径，文明世界不应该做这样的事，但他却支持不给予奴隶自由，因为奴隶不知自由为何物，一旦获得自由，这对社会而言将是一个潜在的威胁。

奴隶革命

据历史学家统计，从 16 世纪初到 19 世纪最后几十年间，约 900 万奴隶被贩卖至美洲。18 世纪是奴隶贸易最猖獗的时期，700 万人，包括男人、女人和孩子，被奴隶贩子俘获运至几内亚湾沿海地区，尤其是尼日利亚、加纳、扎伊尔、刚果河盆地和安哥拉。装载着武器和商品的船只从欧洲港口出发驶向西非各港口，主要是贝宁港。他们用商品交换奴隶，随后经大西洋抵达加勒比沿海港口，再将奴隶转手卖掉。最后，这些船只又满载着美洲的特产回到欧洲，即咖啡、蔗糖和烟草。

尽管从 18 世纪初开始反对贩卖奴隶的抗议声不断，但政府、商人、银行家和哲学家为奴隶贸易据理力争，他们认为，奴役非洲人民至少使他们摆脱了其他的苦

位于南海的虚幻天堂

尽管是哥伦布在第一次航海探险时见识了土著人的善良天性，然而却是卢梭提出的“高尚而原始”成为18世纪的流行语。詹姆斯·库克和路易·安托万·德·布甘维尔的航海探险似乎给了卢梭理由去描述那些善良的土著人，他们不了解什么是私人领地，《爱弥尔》（*Émile*）的作者认为私人领地正是不幸的根源。例如，布甘维尔把塔希提岛比作伊甸园：“……四处可见好客的当地人，他们安宁、愉悦、幸福。”尽管这是一种理想化，忽略了这些等级分明的土著人有时对待旅行者并不友好，但是这种神话般的叙述在整个19世纪仍然深入人心。

下图　《登陆塔希提岛的HMS决心号和发现号》（*Le HMS Resolution et le Discovery à Tahiti*），由小约翰·克利弗雷（John Cleveley le Jeune）所作，伦敦国家海事博物馆藏（National Martiime Museum, Londres）。

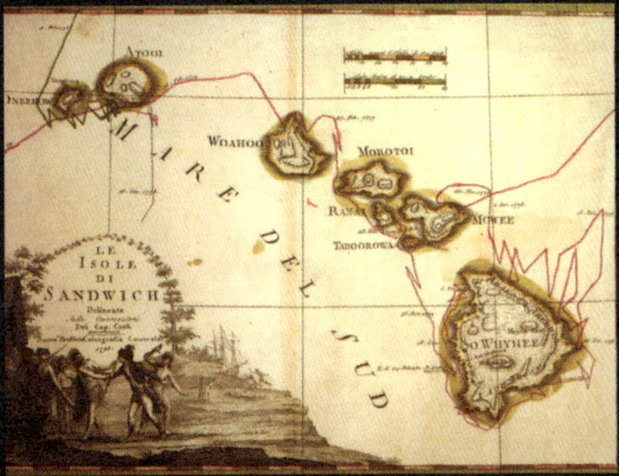

新视野

18世纪航海探险的目的在于探索太平洋的未知群岛、绘制大陆地图、发现新的动植物以及其他种族、文化和宗教，这有利于拓宽对世界的认知。

插图　上图：根据库克的航海记录所绘制的桑维奇群岛（îles Sandwich）地图，源自《乔瓦尼·玛利亚·卡西尼的地图集》，罗马，1798年（“atlas de Giovanni Maria Cassini”, Rome, 1798）。右图：布甘维尔的八分仪（octant），巴黎海事博物馆藏（musée de la Marine, Paris）。

难和潜在威胁。贩卖和剥削非洲人民直接或间接地为欧洲国家及其贸易公司带来了巨大利益。这绝不是个别现象。《乌德勒支和约》于1715年给予了英国贩卖奴隶垄断权（le droit d'asiento），英国又将垄断权卖给了南海公司，该公司的股东大多是当时的商业精英和知识分子。除了国会议员和皇室成员极力支持奴隶贸易，知识分子、科学家和诗人也表示赞同，如丹尼尔·笛福、艾萨克·牛顿和亚历山大·蒲柏（Alexander Pope）。30多年间，南海公司每年从非洲沿海地区将4000多名奴隶运至美洲。从1730年到1740年，英国各贸易公司贩卖了约7万名奴隶，而法国东印度公司的奴隶贩卖量高达10万名。贩奴船只从法国各大港口出发，如南特、波尔多、拉罗谢尔和圣马洛，还有丹麦的哥本哈根，以及英国的港口城市，如伦敦、布里斯托和利物浦。

在殖民地方面，整个18世纪英法两国之间冲突不断。1763年七年战争结束时，西班牙和英国都觊觎伊斯帕尼奥拉岛（l'île d'Hispaniola）的西部，而1697年西班牙曾在《勒斯维克协议》（*traité de Ryswick*）中把这部分领地割让给了法国，因此当时该岛的西部在法国人的掌控中。到17世纪中叶，据统计法属安的列斯群岛共计有30多万名奴隶。贩卖奴隶的直接经济效应在欧洲港口城市是显而易见的，在那里许多家庭因为贩卖奴隶而致富，但随之而来的后果则深刻影响了整个经济体系，尤其是银行、信贷和进出口市场。

贩卖奴隶促生了一种新的文化现象：对“奢侈品”（luxe）的渴望，这个说法出现于启蒙时期，它映射了当时从新世界至欧洲的商品贸易不断增加，这些运送商品的船只同时也负责从非洲沿海地区运输奴隶。

1791年，法国人眼中资源最富饶的殖民地圣多明各（Saint-Domingue），即今海地（Haïti）爆发叛乱。欧洲消费的40%的蔗糖和50%的咖啡都产自该岛，岛上所有奴隶的价值是该岛建筑物和种植物价值总和的3倍。圣多明各的首府法兰西角（Cap-Français），即今海地角（Cap-Haïtien），是美洲殖民地最大的珠宝交易市场之一，和欧洲宗主国之间的贸易往来给这座殖民地首府带来了巨大财富。尽管该岛的经济形势不容乐观，但是巨商和大地主仍然不断地向银行和法国商人贷款。随着

18 世纪的奴隶贸易：欧洲的大宗买卖

整个 18 世纪，非洲奴隶贸易一直是一笔极其有利可图的生意。随着英国、法国以及荷兰在北美和加勒比海地区的殖民扩张，奴隶贸易相比于前几个世纪利润更加丰厚。

18世纪见证了美洲大陆支配权的变化。英国、法国和荷兰迅速在殖民地建立以经济作物为主的种植园，如糖、烟草、棉花、咖啡和可可，面对这三国的崛起，美洲地区的两大殖民国——西班牙和葡萄牙只能退居其次。非洲劳动力源源不断地被运送至殖民地，据估计，被绑走的数百万非洲人中，有四分之一未能抵达目的地。奴隶贸易让欧洲、非洲和美洲之间的贸易往来更加有利可图，欧洲将商品出口至非洲或美洲，随后把非洲奴隶运送到美洲，最后将美洲种植园里的作物运回欧洲。然而，启蒙思想的传播，特别是人与人之间平等思想的传播，致使对人口贩卖的抵制日益增长。

插图 《由非洲和美洲支撑的欧洲》（*L'Europe soutenue par l'Afrique et l'Amérique*），威廉·布莱克（William Blake）为J.G.斯特德曼（J.G. Stedman）的《五年远征：镇压圭亚那苏里南的反叛黑人》（*Narrative of a five years' expedition, against the revolted negroes of Surinam in Guiana*）创作的寓言版画，伦敦英国国家图书馆藏（British Library, Londres）。

当地财政债台高筑、入不敷出，要求贸易和财政独立的呼声也越来越高，尤其在七年战争结束后，法国逼迫圣多明各为岛上的防御支出赋税。

法国强加的贸易限制，以及宗主国过重的财政压力催生了主张自治的苗头，这种主张基于想要获得更多的贸易自由，尤其是和北美洲之间的贸易，此外，这种殖民统治还激发了当地民众仇视那些在法国享受安逸生活的农场主。1768 年至 1769 年间，当地的领主，包括来自欧洲的一代和二代移民，联合当地白人和混血种人发动了第一次反法起义，他们旨在获取独立和政府自治。1789 年，起义的影响犹存，此时圣多明各的殖民精英也被称为“伟大的白人”（grands Blancs），即当地的巨商和大地主，他们认为法国大革命是一个获取自治权的契机，尤其是自由贸易权。然而，在大西洋的另一边，欧洲殖民当局则认为，国家制宪会议的某些文件，尤其是 1789 年的《人权宣言》（*La Déclaration des droits de l'homme et du citoyen*）绝不能让已经获得自由的黑人知晓，更不用说那些黑奴了。

作为黑人之友协会的创始人，雅克・皮埃尔・布里索（Jacques Pierre Brissot）在国民议会发表《人权宣言》后不久提出废除奴隶制；1791 年 5 月，圣多明各北部爆发了奴隶起义。1791 年 8 月 22 日，有人骑着马在法兰西角的大街小巷呼救，他声称奴隶正在屠杀他的兄弟，焚烧他的领地，起初大家都以为这个人疯了。当组织起来的民兵镇压起义时，黑奴和已获得自由的黑人要求实行《人权宣言》，尽管之前做了许多预防措施，但《人权宣言》还是在黑人中广为流传。9 月底，约有 1000 名法国人在暴乱中丧命，近 1200 座种植园被破坏。这次起义的两位主要领导人曾经都是奴隶——乔治・比亚索（George Biassou）和让-弗朗索瓦（Jean-François）。尽管最初获得自由的黑人联合了一部分白人试图结束暴乱，然而 1792 年从法国传来消息称，国民议会投票决议赋予黑人和白人同等的公民权，白人不再享有特权，这项决议导致黑人和白人从此分道扬镳。1794 年 2 月，圣多明各的雅各宾派官员路易・皮埃尔・杜菲（Louis Pierre Dufay）在国民制宪会议上发表了演说，他在讲话中援引奴隶本人的话，呼吁在所有法国殖民地彻底废除奴隶制。这项提议一旦在制宪会议通过，包括妇女和儿童在内的约 70 万名奴隶都将获得自由，

而无须支付前奴隶主任何赔偿。

与此同时，杜桑·卢维杜尔（Toussaint-Louverture）在圣多明各再次点燃了革命之火，卢维杜尔之前是奴隶，他在30岁时获得了自由，而且还成为法国军队的将领。在比亚索、让-弗朗索瓦以及其他黑人领袖前赴后继的努力下，杜桑·卢维杜尔得以组建一支由几千名前奴隶组成的独立军。这支新部队获得了西班牙和英国的支持，当时西班牙仍然掌控着这座岛屿一半的领土，而英国则希望从法国人手中夺走圣多明各。拿破仑掌控下的法国立刻派遣了一支强大的军队，最终处死了2万

捍卫独立

拉费里埃城堡（Citadelle Laferrière）建于19世纪初，由亨利·克里斯托弗（Henry Christophe）提议建造，它是加勒比海地区最大的城堡，旨在抵御可能从海地北部卷土重来的法国人。由杜桑·卢维杜尔、让-雅克·德萨林（Jean-Jacques Dessalines）和亨利·克里斯托弗领导的海地奴隶起义（1791—1804年）最终废除了奴隶制，宣布前殖民地圣多明各独立（今海地和多米尼加共和国）。

从奴隶到总统

现存于法国茹乌城堡（fort de Joux）的杜桑·卢维杜尔半身像，此地位于法国和瑞士边界，卢维杜尔生前被拿破仑囚禁于此，直至1803年4月6日去世。杜桑·卢维杜尔反抗殖民统治，并在圣多明各废除了奴隶制（美洲第一个废除奴隶制的国家），被誉为“黑皮肤的斯巴达克斯”（Spartacus noir）。

名黑人和混血儿。然而起义仍在继续，法国人最终不得不撤离该岛。海地共和国于1804年1月1日宣布成立，印第安语中称圣多明各为海地。

美国独立

1776年7月1日，13个英属美洲殖民地的代表在费城开会，讨论如何结束英国的殖民统治，获取独立。反对乔治三世的战争在前一年已全面展开，就在离会议地几公里远的地方，一支3万人的英国部队正准备突袭纽约。7月4日议会投票通过决议，发表了一篇真正的独立宣言：“我们认为这些真理是不言而喻的：人人生

而平等，造物者赋予他们若干不可剥夺的权利，其中包括生命权、自由权和追求幸福的权利。”正如美洲最伟大的开明思想家之一，宾夕法尼亚的代表本杰明·富兰克林（Benjamin Franklin）宣称的那样：“13 个殖民地必须达成统一，保持团结，这是一个新国家的根之所在，否则英国人将把他们所有人一个个绞死。”

在《独立宣言》（*déclaration d'Indépendance*）发布之前，这些从 17 世纪初便开始发展起来的殖民地已经建立起一套初步的民主体系。殖民地中的每个城市都有市政议会（council），每个省经选举产生一个立法议会。尽管这些议会理论上必须服从于英国执政者的权

反对英国殖民统治的叛乱

1776 年 7 月 9 日，乔治·华盛顿在市民和军队面前公开宣读独立宣言，人群在纽约掀翻了乔治三世的骑马像。

插图 约翰内斯·亚当·西蒙·奥特尔（Johannesburg Adam Simon Oerter）创作的油画再现了这个场面，创作于 1859 年前后，纽约历史学会博物馆藏（New York Historical Society, New York）。

波士顿倾茶事件，北美独立战争的导火索

英国在七年战争中遭受了巨大的经济损失，这是美洲殖民地独立运动的诱因。新的赋税激起了移殖民的不满，尽管英国的胜利离不开他们在经济和军事上的大力支持，但他们却感受到自身利益受到了宗主国的侵害。

1764年，英国政府颁布了《糖税法案》，该法案对蔗糖以及其他奢侈品征税，如葡萄酒、咖啡或丝绸。这是英国政府采取的一系列税收政策中的第一项，旨在补充国库，此外《巴黎和约》中西班牙和法国割让给英国大片美洲领土，尽管获益颇多，英国仍需为此巨额投入，因此政府也希望借该法案筹措资金。然而这项法案的唯一作用就是迫使移殖民走向叛乱，还使得13个殖民地对英国本土更加不满。相继成立的商人协会拒绝纳税、反对进口。1773年12月6日发生了最为激烈的抵制事件，此次事件的起因是《茶税法》（关于茶叶的征税法案）的颁布，该项法案对茶叶征收了新税，却免除了东印度公司的赋税。那天，一群装扮成莫霍克印第安人（Indiens Mohawks）的移殖民前往波士顿港，包围了3艘东印度公司的船只，将343箱茶叶（约45吨）扔入海中。英政府的报复行为使得局势更加紧张，1775年4月最终爆发战争。

插图 上图：创作于1807年的版画，描绘了波士顿倾茶事件；右图：此次事件中的茶叶被储存在瓶中，波士顿的马萨诸塞历史学会藏（Massachusetts Historical Society, Boston）。

威，但是宗主国在殖民地内政事务方面的影响力有限。即使英国试图建立美洲产品的垄断权，以便仅限英国公司将这些产品销往欧洲，然而英国在殖民地贸易及其殖民地国际关系方面的影响力甚微。

在七年战争中付出了惨痛代价之后，英国试图将大部分损失转嫁给殖民地。英国从法国人手中夺走了加拿大，又强占了西班牙控制的佛罗里达，但这些在海外领土争夺上获取的胜利几乎不能给国库带来多少收入。1763 年签订了《巴黎条约》（*traité de Paris*）后，向海外领地征收新贡税的条例接踵而来。1764 年通过了《糖税法案》（*Sugar Act*），这是一项针对甜酒生产和贸易的税法。本杰明 · 富兰克林意识到，这项新法案的唯一目的就是增加殖民地财政压力以接济英国国库，于是他前往伦敦向议会提议建立一家美洲银行，利用移殖民的存款利息来支付殖民地的防务费用，而此项支出一直以来就是宗主国增加赋税的主要借口。富兰克林的提议没有得到任何回应，英国于 1764 年又通过了《印花税法案》（*Stamp Act*），这项特别税适用于所有法律文件，以及在殖民地进行任何形式的商业交易。

这项新的赋税激起了马萨诸塞和弗吉尼亚移民的强烈抗议。他们不仅质疑新税法，还认为迫使殖民地依附于一个远在 5000 公里之外的议会，而这个议会没有一个殖民地代表，却要颁布足以影响当地公民生活的决议，是多么荒谬的政治。在"无代表权则不纳税"（No taxation without representation，pas d'impôts sans représentation）的抗议声中，纽约、纽波特和费城率先爆发冲突和游行。在波士顿，愤怒的人群将负责征税的英国代表肖像挂在一棵树上，这棵树后来被称为"自由之树"（l'arbre de la liberté）。

富兰克林于 1766 年第二次前往伦敦，他警告英国议会，如果议会在《印花税法案》问题上一意孤行，却又无法保证在决策机构设置殖民地代表，那么必然会导致叛乱。1769 年 5 月，弗吉尼亚殖民地议会，也被称为市民议会（House of Burgesses），郑重宣布移民今后只向殖民地代表纳税。与此同时，开始抵制英国商品。1770 年 3 月 5 日，爆发了"波士顿惨案"（massacre de Boston），这个说法稍显极端，事实上英国士兵仅在冲突中杀死了 3 名平民，但这却激起了民众的强烈愤怒，导致事件进一步恶化。

随着诺斯勋爵（lord North）出任新首相，英国政府的态度有所转变，议会取消了大部分税收，却通过了一项针对茶叶的法案。事实上，这项新法案赋予英国东印度公司垄断权，使之在英国享有免税特权，但却要求美洲的移殖民征税。该法案开了先例，因为法案中的茶叶可以被替换为任何其他商品。由此，波士顿人拒绝在港口卸货，之后又把货箱里的茶叶倒进海里，针对这一事件英国议会颁布了一系列法令，在英国被称为《强制法令》（*Coercive Acts*），在美洲则被称为《不可容忍法令》（*Intolerable Acts*），法令要求强行关闭波士顿港，鉴于马萨诸塞殖民地议会参与了“波士顿倾茶事件”（Boston tea party），下令废除其所有权力。

作为对于这一系列法令的回应，13 个美洲殖民地决定在费城举行马萨诸塞殖民地议会。此次会议中，只有乔治亚（Géorgie）殖民地议会代表没有出席，其他与会成员达成协议，决定建立一个大陆联盟抵制英国商品。从社会地位看，与会成员可被划分为两派。一派被称为“爱国者”（patriotes）或激进派，主张通过战争保卫自己的领土；另一派则主张维持和英国之间的宗主国关系，他们被称为“保皇党”（loyalestes）或“保守派”，这个名字出自当时英国议会的执政党派——托利党（tories）。1775 年，持续 6 年的美国独立战争爆发了。

战争始于距离波士顿 20 多公里的列克星敦（Lexington）。托马斯・盖奇（Thomas Gage）将军收到了英国议会的命令，他派遣了 700 名步兵意图夺取激进派在康科德（Concord）的军械库。在前往目的地的途中，英国军队遭到了叛军突袭，这支 60 多名民兵组成的敢死队由约翰・帕克（John Parker）率领，他曾经只是一位农夫。尽管两支部队的主帅起初都没有下令开火，但双方都明白战争一触即发，而这决定性的一刻已经到来。两军对垒中，英国军队射杀 10 人，射伤数人，帕克也受了重伤，几天之后便死了。这支英国特遣队决定继续向康科德进发，随后再进军波士顿。在途中又经历多次遭遇战，英军阵亡 73 人，反叛军战死 49 人。与此同时，马萨诸塞州议会下令围攻英国在波士顿的要塞。

面对美洲移民的顽强抵抗，盖奇请求支援，于是三个兵团的英军于 1775 年 5 月 25 日登陆美洲。6 月 17 日，约翰・伯戈因（John Burgoyne）将军率领一支分

队，下令从海上炮击位于波士顿山上的叛军基地。海上猛攻之后便是步兵进攻。尽管反对独立派的部队在反叛军中占有主导地位，但战争的代价远超出预期。在邦克山战役（la bataille de Bunker Hill）中，两军第一次大规模对垒，1000多名英国士兵阵亡。从某种程度上说，邦克山战役迫使英军重新审视他们的敌人：经历了这场战役的失败，英军不再把反叛军视作由一群农夫组成的军队，也不再认为他们无力抵抗欧洲战场上所向披靡的强大英军。

在邦克山突击前两天，第二次大陆会议任命乔治·华盛顿（George Washington，1732—1799年）为军队统

历史时刻

1776年12月25日至26日晚，乔治·华盛顿将军率领部队横渡结冰的特拉华河，由于华盛顿指挥得当，从而赢得了特伦顿战役（la bataille de Trenton）的决定性胜利。

插图《华盛顿横渡特拉华河》（*Washington traversant le Delaware*，1851年），埃玛纽埃尔·戈特利布·洛伊茨（Emanuel Gottlieb Leutze）所作油画，现由纽约大都会艺术博物馆藏。

美国《独立宣言》的签署

1776 年 7 月 4 日，由北美 13 个英国殖民地的代表组成的费城大会正式宣布脱离英国独立。然而，直到 7 年后美国才赢得战争的胜利，根据《巴黎和约》，英国承认美国独立。

北美洲殖民地的《独立宣言》几乎完全是托马斯·杰斐逊的作品，他受到了一个月前签署的《弗吉尼亚权利宣言》的启发。《独立宣言》确认了人民拥有起义的权利，以此对抗政府明显的不公行为，同时采纳了当时启蒙思想家的一些观点，几年后的法国大革命也深受这些思想的影响。《独立宣言》特别指出“人人生而平等”，并享有不可剥夺的权利，其中包括“生命、自由和追求幸福”的权利。《独立宣言》在结尾写道：“这些联合的殖民地现在是，而且有权成为自由独立的国家……它们无须服从英国王室……与英国之间的任何政治联系都必须彻底消除。”出席的56位代表中有约翰·亚当斯、本杰明·富兰克林和乔治·华盛顿。

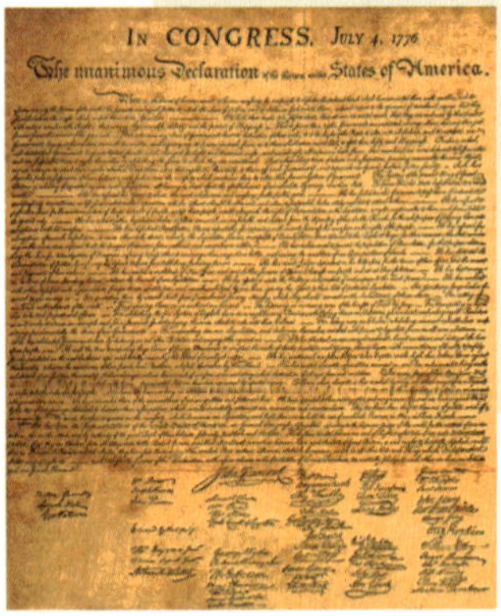
IN CONGRESS. July 4, 1776
The unanimous Declaration of the thirteen united States of America.

插图 左图：《独立宣言》文本，现存于华盛顿的美国国家档案和记录管理局（National Archives and Records Administration, Washington DC）；右图：五人委员会将《独立宣言》提交给国会，由约翰·特朗布尔（John Trumbull）所画，现存放在华盛顿国会大厦（Capitole, DC）。

帅——华盛顿出身于弗吉尼亚的一个富有家庭，而弗吉尼亚又是 13 个殖民地中面积最大的。华盛顿不仅是市民议会的成员，而且还曾任职副官，在七年战争中英勇作战。英国军队训练有素，还有 3 万名德国雇佣军作为后备，而华盛顿率领的部队是非正规军，军饷不足且装备落后。然而，1776 年，本杰明 · 富兰克林通过外交努力，为“爱国者”们争取到了法国人的支持。同年 10 月，美军在萨拉

❶ **约翰·亚当斯**　他是13个殖民地联盟的创导人，曾提议乔治·华盛顿担任反叛军总司令。他代表马萨诸塞参加了费城大陆会议，成为美国第一任副总统，1797年，成为美国第二任总统，一直任职到1801年。

❷ **罗杰·谢尔曼（Roger Sherman）**　他是一名训练有素的律师，《独立宣言》的起草者之一，他代表康涅狄格。他还是美国另外三大立国文件的签署者：《联盟条例》（*lesArticlesd'Association*）、《邦联条例》（*les Articles de Confédération*）和《美利坚合众国宪法》（*la Constitution*）。

❸ **罗伯特·R.利文斯顿（Robert R.Livingston）**　他代表纽约参加了费城大陆会议，是五人委员会（Commission des Cinq）成员之一，他在签署《独立宣言》的最后文件之前被纽约州召回。于1781年至1783年间担任外交部部长。

❹ **托马斯·杰斐逊**　《独立宣言》的起草人之一，从1801年至1809年担任美国第三任总统。在任期间他从法国人手中买下了路易斯安那，使美国领土面积增加了一倍。

❺ **本杰明·富兰克林**　政治家、科学家以及发明家，他代表宾夕法尼亚参加了费城大陆会议。他拥有出色的外交才能，并且前往法国为对抗英国殖民斗争寻求支持。1783年，他签署了《巴黎和约》，该和约确认了美国的独立地位。

托加（Saratoga）迎来了第一次大捷。伯戈因将军曾在登陆美洲时嘲笑激进派的军队，而今却不得不投降，并撤回其 5700 人的军队。在美洲大陆，萨拉托加大捷使人们有理由相信，华盛顿的军队可能会战胜英国国王乔治三世的军事机器。

第一个承认美国独立的国家当然是法国，法国很快便和 13 个殖民地建立了军事同盟。西班牙、俄国、荷兰和普鲁士为了各自的贸易利益，也很快

美国独立时间表表

1773年
波士顿倾茶事件　第一次反抗英国政策。

1776年
《独立宣言》　7月4日签署《独立宣言》。

1777年
萨拉托加大捷　美国反叛军战胜英国军队。

1783年
《巴黎和约》　英国承认美国独立。

本杰明·富兰克林，科学家和美国开国元勋

富兰克林对许多领域都很感兴趣，在美国独立之前，他已在欧洲享有一定的知名度，在北美殖民地反抗英国的战争中，他成为寻求外部支持以及协商和平条件的最佳人选。

富兰克林的父亲在波士顿以制作肥皂和蜡烛为业，尽管富兰克林受教育程度不高，但作为家里的第14个孩子，他从15岁起就开始在《新英格兰报》（*New England Courant*）上发表文章。1727年，他开办了自己的印刷厂，创办了《宾夕法尼亚公报》（*Pennsylvania Gazette*，1728—1748年），并开始出版《穷理查年鉴》（*Poor Richard's Almanach*，1733—1752年），这本年鉴获得了巨大的成功。他最重要的贡献是在科学和政治领域。在科学上，他对电特别感兴趣，发明了避雷针。他还发明了双焦距眼镜和里程表。在政治领域，他是美国开国元勋之一，不仅负责起草《独立宣言》，而且还代表北美殖民地和英国进行和平谈判。1781年，他以81岁的高龄参与了《独立宣言》的起草。

插图　富兰克林像，约瑟夫·西弗雷德·杜佩莱西斯（Joseph Siffred Duplessis）1778年所作，纽约大都会艺术博物馆藏。

对美国独立做出积极的表态。作为七年战争的战败国，这些国家希望以美国独立战争为契机改变现状，建立一个新的联盟体系，以此挑战英国的权威。1780 年，一支法国船队抵达美洲沿海地区，这彻底改变了战争的进程。同年冬天，英军将领康沃利斯侯爵（le marquis de Cornwallis）被迫撤退至约克镇（Yorktown）。由于军队无法继续前行，康沃利斯希望能得到正位于纽约的英军支援。1781 年 8 月 20 日，乔治·华盛顿联合法军一起进攻英军基地，先袭击了驻守纽约的英国海军，随后围攻康沃利斯的驻军基地。来自法国的拉法耶特侯爵（le marquis de La Fayette）与英军奋勇作战，后被华盛顿任命为将军，他在 10 月 19 日约克镇投降后立刻宣

称，美军必将取得这场独立战争的胜利。“戏已上演，”他说道，“……第五幕刚刚落幕。”1783 年，双方签订《巴黎和约》（*traité de Paris*），英国正式承认其在美洲的 13 个殖民地独立，称为“合众国”。合众国的边界线北至五大湖，南至佐治亚。合众国的西面，以密西西比河作为天然界限。在附款条约中，西班牙收回七年战争中被英国占领的佛罗里达。而法国则获得了加勒比海地区的几个小岛，其中之一便是多巴哥岛。

仅从政治方面来看，众望所归的独立又引发了新的问题，即如何支付战争的经费，如何提出一个合适的方式将合众国中每个殖民地的合理诉求统一起来，因此迫切需要建立起一个中央集权的国家结构。1787 年 5 月 25 日，刚成立的美利坚合众国在费城召开代表大会，共同协商制宪。会议持续了几个月，直到 9 月 17 日才签署了美利坚合众国新宪法的最终版本。托马斯·杰斐逊（Thomas Jefferson，1743—1826 年）把这次制宪会议称为“半神的集会”。新宪法的支持者被称为“联邦派”（fédéralistes），他们中的大多数人支持中央集权，而那些“反联邦派”则不认同，因为他们曾深受英国人的压迫。为了赢得这场政治战役的胜利，新宪法必须在面对国家干预时确保个体的自由。费城制宪会议的成员就两院立法制度的提议达成一致，即国会由参议院和众议院组成，其中众议院的代表权依据各州人口决定，由公民选举直接产生，而参议院代表权则由各州的州议会选举产生。至于人口统计，规定一个奴隶折算为五分之三个自由人。

在所有参与起草宪法的代表中不乏美国独立进程中最杰出的人士，他们被称为美国的开国元勋。如乔治·华盛顿、本杰明·富兰克林、托马斯·潘恩（Thomas Pain，他创作了著名的小册子《常识》）、约翰·亚当斯（John Adams，美国第二任总统）、托马斯·杰斐逊（美国第三任总统）、约翰·杰伊（John Jay，最高法院第一任院长）、詹姆斯·麦迪逊（James Madison，美国第四任总统）和亚历山大·汉密尔顿（Alexander Hamilton）。新罕布什尔州（New Hampshire）议会投票通过新宪法后不久，1788 年 6 月，乔治·华盛顿在弗农山庄的家中被告知，他已被一致推选为美利坚合众国总统。1789 年 4 月 30 日，他在纽约华尔街联邦大厅宣誓就职。

第一个民主国家

1783年的《巴黎和约》承认13个殖民地独立，称美利坚合众国。对于这个年轻的国家而言，这只是开始，还有许多事情有待商榷，尤其是要尽快决定政府的形式。殖民地之间存在着巨大的差异：南方以土地贵族为主，主张建立联邦政府，北方则以资产阶级和小型土地所有者为主，主张建立一个更强大的政府实体。经过几年的协商，1787年在费城再次召开代表大会，本次会议旨在通过投票产生一个联邦政府，政府由一位总统和两个立法议会组成，即参议院和众议院，议会代表由民主选举产生。9月17日，议会通过了宪法，并召集选举：1789年，乔治·华盛顿成为美国第一任总统。

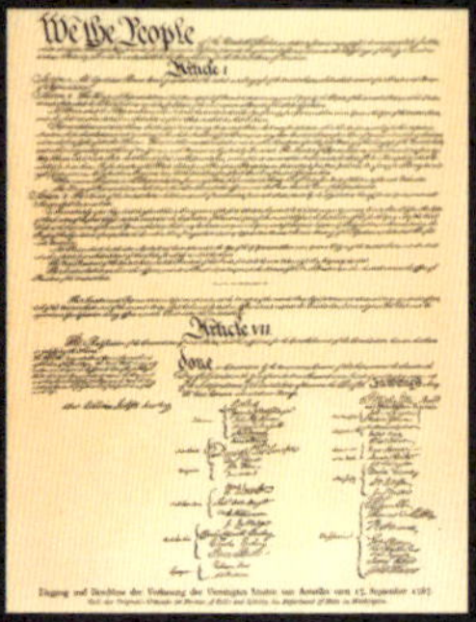

借鉴启蒙思想的宪法

现行的美国宪法以“我们，美利坚合众国的人民”的宣言开头，是延续至今最古老的一部宪法。它的起草者不得不努力草拟一份协商一致的案文，即使这意味着牺牲他们的一些原则。例如，关于是否废除奴隶制的问题，原本持赞同态度的本杰明·富兰克林在面对南方各州威胁撤军时不得不做出让步。尽管如此，宪法的章程依旧采纳了当时一些开明的原则，比如自由和平等（奴隶除外），以民主共和为体制建国。

插图　上图（左）：华盛顿半身像，让·安托万·乌东所作，巴黎卢浮宫博物馆藏；上图（右）：1787年美国宪法的序言和前几则条款，现存于华盛顿的美国国家档案和记录管理局）。

在这具有象征意义的1789年，在大西洋的另一边，为了草拟一部新宪法召开了另一个国民议会。法国第三等级的代表受到美国宪法中前三个字的启发，即“我们，美利坚合众国的人民”（We, the people），从而发动了属于他们自己的革命，他们攻占了专制统治下最具象征意义的建筑——巴士底监狱（la prison parisienne de la Bastille）。法国大革命（la Révolution française）被认为是人类历史上的一个转折点，它是一个影响巨大的政治事件和社会事件，足以推翻旧制度的封建体系，为现代社会创立了一些具有奠基意义的原则。法国大革命的伟大胜利之一便是由制宪议会起草并颁布的《人权宣言》，这份纲领性文件草拟于大革命爆发后的几个月，此外法国大革命也为19世纪的几场革命运动埋下了种子。

西属美洲

西班牙的殖民帝国政府以非常繁复的行政体系为根基。18世纪初，西班牙拥有一整套机构和行会，但这却使殖民地领土的管理异常复杂，而且事实上没有一个西班牙国王曾到访过这些地区。

总督位于殖民地行政管理体系的金字塔尖，他们大多出身贵族。国王在“印度诸地事务委员会”（Conseil des Indes）的协助下负责指定总督及检审庭庭长人选（Audiencias）。总督在其司法管辖区（总督辖区）内拥有民事权和军事权。西班牙在美洲的殖民地被划分为四个总督辖区：新西班牙（Nouvelle-Espagne），首府墨西哥（Mexico）；秘鲁（Pérou），首府利马（Lima）；新格拉纳达（Nouvelle-Grenade），首府波哥大（Santa Fe de Bogotá）以及拉普拉塔（le Rio de La Plata），首府布宜诺斯艾利斯（Bueno Aires）。每个总督辖区又被划分为几个检审庭辖区（Audiencias），检审庭辖区隶属市长（alcades mayores）或区长（corregidores）。最后，城市由市政议会（cabildos）管辖，市政议会由当地上层精英组成，主要包括地主、商人、律师和教士。

新西班牙是四个总督辖区中最重要的辖区，其人口已超过600万人。除了四个总督辖区外，西班牙还统治着加勒比海地区的殖民地，其中包括古巴岛（îles de Cuba）、波多黎各（Porto Rico）和圣多明各，加勒比海地区的人口总计近100万人。

国事诏书与美洲异族通婚

从殖民初期开始，西班牙裔美洲人就是混血种族，但统治阶级仍然主要由西班牙人和殖民者的白人后裔组成。

由于西属美洲种族混杂，异族通婚现象十分普遍，查理三世试图通过颁布《禁止不平等婚姻的国事诏书》（*Pragmatique Sanction pour remédier aux abus des mariages inégaux*）遏制这种状况。顾名思义，这份诏书旨在为婚姻事务制定规则，它适用于西班牙本土及殖民地的所有臣民。之所以采取这项举措，是因为政府坚信不同阶级（或种族）之间的通婚导致了“社会秩序的混乱，无休止的冲突以及对家庭的偏见”。因此，诏书规定加强家庭中父亲的权威，没有他的同意就不能结婚。这份国事诏书颁布于1776年3月23日，从1778年开始在美洲实行。

插图　《西班牙混血儿》（*De español y mestiza, castiza*），由米格尔·卡布雷拉（Miguel Cabrera）于1763年所作，题目中的“castiza”，指由西班牙人和混血种人所生的孩子，这幅画现由马德里的美洲博物馆收藏（musée d'Amérique, Madrid）。

这些地区中主要的社会群体是克里奥尔人（créoles），即出生在总督辖区的白种人，他们和来自西班牙的半岛人（péninsulaires）共同承担辖区的管理职责。克里奥尔人在殖民行政体系中担任不同的职位，他们不仅要保障西班牙的经济利益，还要捍卫国家的道德观。在整个殖民统治时期，混血种人不断增加，奴隶的生活依旧悲惨，获得自由的黑人和混血种人在融入社会过程中困难重重，而其中的主要原因就是他们的出身问题。1776 年，西班牙颁布国事诏书（Pragmatique Sanction），明文禁止白人和黑人通婚、印第安人和混血种人通婚，该条例适用于所有涉及婚姻双方地位明显不平等的情况。一直到 18 世纪末，西班牙才准许那些被称为“棕色人”（les pardos）的非裔自由人在理论上获得与白人合法的平等地位。这项创举激起了加拉加斯（Caracas）和布宜诺斯艾利斯（Buenos Aires）市政议会的强烈反对。当地权贵认为，棕色人和混血种人不应该从事原本只属于白人的职业，也不能参与宗教事务或共享白人的文化传统。17 世纪 80 年代末，利马发生了几起由黑人和印第安人组织的暴乱，严重威胁到了当地的社会秩序，于是利马当局颁布了一项法律，禁止黑人和印第安人通婚。

西班牙将执政的侧重点放在资源分配合理化方面，而不是捍卫传统习俗上，以此在美洲推行改革，而这些改革新政均出自查理三世的那些开明大臣。西班牙波旁王朝的改革始于菲利普五世和斐迪南六世，但直到查理三世统治时期，改革才得以真正落实。例如，在宗主国，这些理性主义原则指导下推行的新政，大力抨击当地的宗教传统和习俗，尤其针对兄弟会和宗教慈善会。尽管这些协会理论上是源自宗教，但事实上它们管理着当地很大一部分经济资源，却不受任何固定的税收条例的约束。尽管教会已成为西属印度群岛最重要的经济体，但改革派反对任何特权形式，他们坚持挑战教会权力。1767 年 2 月 27 日颁布的国事诏书将西班牙反对耶稣会的抗争推至顶峰，这份诏书下令在西班牙全境驱逐耶稣会成员。当时整个欧洲也正在全力打压耶稣会，1759 年葡萄牙及其殖民地驱逐耶稣会，随后 1764 年法国也开始了，因此西班牙颁布的这份诏书也顺应这个趋势，此外西班牙不能容忍海外殖民地建立起一个在多国都具有影响力的组织，这样的组织必然会对当地政府制造麻烦。针对耶稣会的行动最终导致 1773 年克雷芒十四世（Clément XIV）宣布取缔耶稣会。

除了经济和宗教方面的改革，查理三世的大臣们从西班牙直接委派人选代替司法机构中占有主导地位的当地权贵。与此同时，还设立了审查或巡查体系，以此促进当地行政管理更加透明和公开。赋税也增加了，部分是为了填补七年战争带来的损失，交易税（alcabala）就是新增的贡税之一，它主要适用的商品交易包括烟草、可可粉和烧酒。而增加赋税立刻引发了广泛的不满情绪，尤其在新西班牙，导致了多场民众暴乱。

1781 年，新格拉纳达爆发平民起义，几千名克里奥尔人、混血种人和印第安人参与其中，这是殖民地走向独立跨出的第一步。然而，这次起义和 1780 年至 1783 年期间在秘鲁爆发的土著人暴乱没有任何共同点。在这个总督辖区，1740 年发生了 5 次抗议活动，而 1779 年末则增至近 70 次。1776 年，贡税率从 4% 上涨至 6%，由此引发了一场反对西班牙统治的反抗运动。一位名叫图帕克·阿马鲁二世（Tupac Amara Ⅱ，1738—1781 年）的当地酋长领导了此次运动，意图彻底断绝和西班牙的关系。阿马鲁是印加帝国最后一任君主萨帕·印卡（Sapa Inca）图帕克·阿马鲁（Tupac Amara）的后裔，图帕克·阿马鲁于 16 世纪死于西班牙人之手。在当地救世主降临说的影响下，图帕克·阿马鲁二世梦想创造一个由印加后裔统治的国度，在那里克里奥尔人、混血种人、黑人和印第安人可以和谐共处。他主张自由贸易，支持废除赋税，尤其是贡税制。叛乱最终被克里奥尔人和西班牙人镇压，共计阵亡 10 万印第安人，印加首领未能免于重蹈其父辈的命运，在库斯科（Cuzco）的阿玛斯广场（la Plaza de Armas）被公开处决。

葡属美洲

在整个 18 世纪，葡属美洲殖民地的历史发展很大程度上受到了两个因素的影响：其一是建立了和英国的经济联盟，其二是和西班牙之间爆发的多场冲突，根源是由《托尔德西里亚斯条约》（*traité de Tordesillas*，1494 年）中确立的边界线而导致的争议。1703 年签署的《梅休因条约》（*traité de Methuen*）确立了葡萄牙和英国的经济联盟，由此葡萄牙给予英国巴西贸易的专属垄断权。英国的介入很快促进了地区贸易，掀起了大米、烟草、靛蓝植物、甘蔗、棉花和可可的种植热潮。作

为对此条约的回应，路易十四决定无条件支持海盗进行海上劫掠，其中就有海盗让–弗朗索瓦 · 杜克莱克（Jean-François Duclerc）和勒内 · 杜盖 · 特鲁安（René Duguay-Trouin）。

在整个美洲，葡萄牙的殖民扩张导致和西班牙之间的冲突不断。直到 17 世纪上半叶，葡萄牙殖民统治仅限于美洲沿海地区；而当葡萄牙摆脱了西班牙的统治之后，整个 18 世纪葡萄牙沿着几条河流向美洲内陆地区扩张。被称为“旗兵”（bandeirantes）的葡萄牙拓荒者完全无视《托尔德西里亚斯条约》最初确立的边界线，将葡属美洲的领地不断向内陆推进，最后便形成了今巴西的边境线。

殖民地的城市

18 世纪，最初由殖民者建造的临时性建筑转变为大型的城市中心，进行社会活动和商业活动的场所。

插图 《赛罗里科山和皇城波托西》（*Descripció del Cerro Rico e Imperial Villa de Potosí*），加斯帕 · 米格尔 · 德贝里奥（Gaspar Miguel de Berrio）所绘制的油画，它创作于 1758 年，当时这座城市早已辉煌不再，其丰富的银矿资源也即将枯竭，这幅画现由苏克雷的查卡斯殖民地博物馆收藏（Museo Universitario Colonial Charcas, Sucre）。

西属美洲大事记

1718—1723年

新格拉纳达总督辖区 由菲利普五世建立，该辖区于1723年因财政原因被撤销，于1739年重建。

1750年

《马德里条约》 由西班牙和葡萄牙签订的条约，明确了两国在美洲领地的边界线。

1767年

耶稣会士 由于颁布了将耶稣会士驱逐出西班牙领地的法令，他们放弃了在当地的传教。

1776年

异族通婚 查理三世颁布国事诏书，在西班牙本土及殖民地范围内禁止不平等婚姻。

1780年

土著人起义 印加国王后裔，图帕克·阿马鲁二世发动起义反抗西班牙殖民者，起义遭到了镇压，阿马鲁二世随即被处决。

1781年

克里奥尔人叛乱 西班牙的税收政策在新格拉纳达总督辖区引起了克里奥尔人的起义。

南海公司泡沫：1720 年经济危机

18 世纪初的资本主义在 1720 年经历了第一次重大危机，当时南海公司的股价暴跌，导致了大量英国投资者破产。

这家私人公司成立于1711年，它曾被英国政府授予美洲大陆西班牙殖民地的贸易垄断权，作为交换南海公司必须购买国债。但是，针对西班牙的战争以及西班牙政府拒绝向英国商品开放港口，实际上南海公司的贸易活动仅限于奴隶贸易，未能取得预期的收益。然而，公司散布传言，以此夸大估值，导致股价飙升：1720年1月每股价值120英镑，8月每股价值升至1100英镑。投机的泡沫破裂，导致股价暴跌，包括艾萨克·牛顿在内的数千名投资者的积蓄瞬间化为乌有。这场经济危机导致议会于12月解散。

插图 《南海公司的泡沫》（*La Bulle des mers du Sud*），爱德华·马修·沃德（Edward Matthew Ward）所作，伦敦的英国泰特美术馆藏。

导致冲突的最大根源之一便是葡萄牙于 1680 年建立的殖民地科洛尼亚—德尔萨克拉门托（Colonia del Sacramento），它位于拉普拉塔河东岸，今乌拉圭（Uruguay）境内，和布宜诺斯艾利斯隔岸相对。针对葡萄牙在美洲的不断扩张，西班牙立即做出了反应，由此两国陷入了长期冲突。1701 年签订的《里斯本条约》（*traité de Lisbonne*）和 1714 年签署的《乌德勒支和约》一样，要求西班牙对葡萄牙做出让步，因为拉普拉塔河就是葡萄牙领地的南边界线。然而，直到签订《马德里条约》（*traité de Madrid*，1750 年），以及经由《圣伊尔德丰索条约》（*traité de San

Ildefonso，1777 年）的正式批准，冲突事件才最终得以解决。根据这些条约，葡萄牙要把科洛尼亚—德尔萨克拉门托割让给西班牙，但作为交换葡萄牙可以获得总计 7 个传教会领地，以及亚马孙地区和马托格罗索河（le Mato Grosso）的主权。

葡萄牙之所以能获取这些利益要归功于蓬巴尔侯爵，他是约瑟夫一世统治期间（1750—1777 年）的政坛领军人物，他在巴西实施改革政策，一方面改组行政体系，另一方面大力推进殖民地的农业种植和矿产开采。蓬巴尔侯爵的改革给葡属美洲带来了深刻的变化，尤其体现在公共工程、移民管理以及教育上。

巴西，葡萄牙殖民帝国的明珠

17 世纪末，在米纳斯吉拉斯发现的金矿使巴西成为朝圣地，吸引了大批来自宗主国和殖民地的淘金者。

黄金热赋予这个地区以名字，即米纳斯吉拉斯（“处处都有金矿”之意），正如黑金城奥洛普雷图那样在地名中留下了自己的烙印，黑金城建于1711年，随着财富的积累，富丽堂皇的巴洛克建筑崛地而起。但是，金矿的开采从一开始就引发了冲突，例如，反抗圣保罗移殖民的恩博阿巴斯之战（guerre des Emboabas，1707—1709年），圣保罗移殖民要求来自西班牙本土和巴西其他地区的淘金者归还这些矿场的所有权。此外，黄金不仅改变了这个地区，还改变了整个殖民地。1763年，殖民地政府从巴伊亚（Bahia）的萨尔多瓦搬至里约热内卢，以便控制通往米纳斯吉拉斯的道路。根据葡萄牙签订的《梅图恩条约》（*traité de Methuen*，1703年），大部分运往葡萄牙的黄金会继续运至英国，用来支付购买英国纺织品的费用。

插图　位于奥洛普雷图的卡尔莫圣母教堂（l'église de Nossa Senhora do Carmo），它是矿区的殖民地艺术瑰宝。

1759 年，耶稣会因挑起传教会领地内瓜拉尼印第安人的起义，而被驱逐出葡萄牙殖民地。1775 年，印第安奴隶制被废除，但当局仍在加紧贩卖非裔奴隶，作为其主要劳动力。

在整个 18 世纪，巴西经济主要依赖于农业（尤其是甘蔗种植园，以及之后的棉花种植园）和矿产开采。由于在米纳斯吉拉斯地区（Minas Gerais）的奥洛普雷图（Ouro Preto），马托格罗索的库亚巴（Cuiabá）以及戈亚斯（Goiás）发现了金矿和宝石矿，以致大批移民蜂拥而至，却因此导致殖民地东北部和圣保罗地区的甘蔗产量骤减。矿业对于民族主义的诞生以及殖民地政治结构起到了至关重要的作用。这主要体现在两方面：首先，采矿

两大帝国的边界 西班牙和葡萄牙早已脱离与哈布斯堡王朝长达60年的联盟体系，两国为了明确界定西属美洲和葡属美洲的领地边界，西班牙斐迪南六世和葡萄牙若昂五世于1750年签署了《马德里条约》。根据条约，双方必须割让部分领土，但有些条款并没有完全落实，比如西班牙减少了东岸传教区的耶稣会士，葡萄牙则没有。

业的发展使得殖民地首府于1763年转至里约热内卢（Rio de Janeiro）；其次，不断给宗主国纳税的矿场主们成为独立运动的先驱。1789年的米纳斯（Mineira）密谋由若阿金·何塞·德·席尔瓦·沙维尔（Joaquim José de Silva Xavier）领导，他又名蒂拉登特斯（Tiradentes），这场密谋被残酷镇压，1792年主使者因反叛罪被处以绞刑。

1808年拿破仑入侵葡萄牙，摄政王若昂六世（Jean Ⅵ）被迫将整个宫廷迁至巴西（约1万人），一直到1821年才回归本土。其间，葡属美洲的命运和一份皇家宪章紧密联系起来，这份宪章签署于1808年1月28日，允许巴西向英国开放贸易，由此巴西完成了从殖民地向宗主国的转变。

ENCICLO
PEDIE

附　录

插图（左侧） 昆丁·德拉图尔(Quentin de La Tour)的名作，珍妮·安托瓦内特·泊松肖像画（巴黎卢浮宫藏），她是蓬巴杜侯爵夫人，也是路易十五的最爱。由于颇受当时启蒙思潮的影响，她积极支持保护作家和艺术家。

对照年表

欧洲

公元 1700 年—公元 1715 年

- 西班牙王位继承战争爆发
- 《乌德勒支和约》的签订结束了西班牙王位继承战争
- “太阳王”路易十四逝世
- 法国波旁王朝军队结束围城巴塞罗那，颁布《新国家组织法》
- 大北方战争爆发
- 苏格兰和英格兰合并组成大不列颠王国

文化成就：

- 艾萨克·牛顿出版著作《光学》
- 英国第一份日报《每日新闻》出版

公元 1716 年—公元 1730 年

- 三方联盟建立（Triple-Alliance）
- 南海公司的金融泡沫破灭
- 马赛暴发的鼠疫导致约 10 万人丧生
- 罗伯特·沃波尔成为英国第一任首相
- 《尼斯塔德条约》（*le traité de Nystad*）签署，大北方战争结束
- 英西战争：封锁贝卢港和直布罗陀

公元 1731 年—公元 1750 年

- 奥地利王位继承战争
- 西班牙和葡萄牙两国签订《马德里条约》：瓜分南美洲
- 波兰王位继承战争
- 玛丽娅·特蕾莎登基，称神圣罗马帝国女皇

文化成就：

- 孟德斯鸠出版著作《论法的精神》
- 发掘庞贝和赫库兰尼姆遗址

美洲

公元 1700 年—公元 1715 年

- 波士顿，第一个进行洲际奴隶贸易的港口
- 巴西的葡萄牙殖民当局消灭了最后的“基隆博”（quilombos），即逃亡奴隶聚集的社区
- 南卡罗来纳州白人移居者和印第安部落之间爆发亚马斯战争（Guerre des Yamasee）
- 1712 年，纽约城爆发黑奴起义

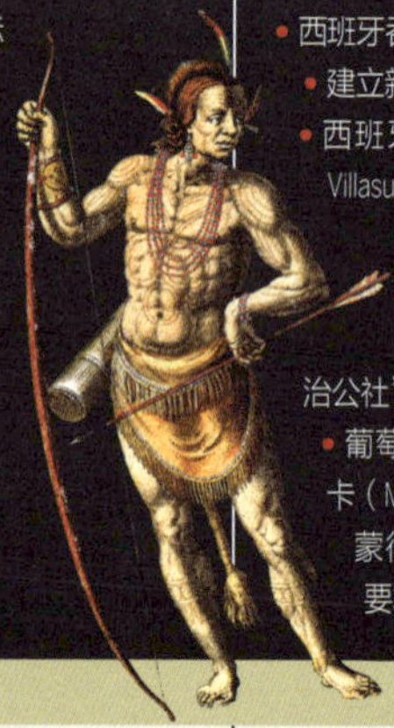

公元 1716 年—公元 1730 年

- 西班牙吞并得克萨斯
- 建立新奥尔良
- 西班牙维拉苏尔远征队（l'expédition Villasur）在今内布拉斯加州（Nebraska）被波尼人（Pawnees）及其法国盟军击退
- 巴拉圭第二次起义：成立“自治公社”（comuneros）
- 葡萄牙人曼努埃尔·平托·达丰塞卡（Manuel de Freitas da Fonseca）建立蒙得维的亚（Montevideo）的军事要塞

公元 1731 年—公元 1750 年

- 维图斯·白令（Vitus Bering）第二次穿越白令海峡（Detroit de Bering，以他的名字命名）抵达阿拉斯加
- 胡安·桑托斯·阿塔瓦尔帕（Juan Santos Atahualpa）在秘鲁总督辖区领导盖丘亚人（Quechua）起义
- 西班牙与大不列颠之间爆发“詹金斯的耳朵战争”
- 南卡罗来纳爆发斯托诺起义（rébellion de Stono）反抗英国移殖民
- 利马发生大地震，随之引发的海啸摧毁了整个埃尔卡亚俄（El Callao）

非洲、亚洲和大洋洲

公元 1700 年—公元 1715 年

- 非洲 阿散蒂王国（Empire achanti）独立和扩张
- 刚果内战结束
- 亚洲 一场大地震结束了日本元禄时代（ère Genroku）。富士山（Fuji Yama）爆发
- 缅甸（Birmanie）和暹罗（Siam）王国发生战争
- 首批俄罗斯东正教传教士进入满洲（Mandchourie）
- 印度马拉塔人（Marathe）驱逐莫卧儿人（Moghol）

公元1716年—公元1730

- 非洲 奴隶贸易在大西洋沿岸国家快速增长
- 亚洲 克教联盟（confédération sikhe）在印度成立
- 中国清朝政府和俄罗斯帝国签订了《恰克图条约》（*traité de Kiakhta*）
- 日本幕府（shogunate）实行享保改革（réforme Kyoho）

公元1731年—公元1750年

- 非洲 第一批独立的富拉尼族城邦国诞生
- 亚洲 英国、法国和马拉塔之间发生了两次卡尔纳提克战争（guerre carnatique）
- 在印度，马拉塔王国由佩什瓦（les Peshwa，首相）治理

公元 1751 年—公元 1770 年

- 俄国叶卡捷琳娜二世继位
- 《巴黎条约》(1763 年)
- 俄罗斯和奥斯曼帝国之间发生战争
- 七年战争
- 里斯本地震，死亡人数约 10 万人

文化成就：

- 《百科全书》第一卷出版
- 伏尔泰的《老实人》和卢梭的《爱弥尔》出版

公元 1771 年—公元 1785 年

- 普鲁士、俄罗斯和奥地利第一次瓜分波兰
- 签订《巴黎和约》(1783 年)，美国独立战争结束
- 普加切夫 (Pougatchev) 发动哥萨克叛乱反对叶卡捷琳娜二世
- 俄罗斯帝国吞并克里米亚

文化成就：

- 亚当·斯密发表《国富论》
- 伊曼努尔·康德发表《纯粹理性批判》

公元1786年—公元1800年

- 巴黎人民攻占巴士底狱
- 颁布《人权宣言》
- 路易十六和玛丽·安托瓦内特被斩首
- 波拿巴推翻督政府，掌握执政府领导权
- 第二次和第三次瓜分波兰

文化成就：

- 建立法兰西学院
- 莫扎特逝世
- 拉瓦锡发表《化学基本论述》

公元 1751 年—公元 1770 年

- 英法两国为了维护其在北美的殖民利益，从而引发了征服战争，或称“法国-印第安人战争”
- 亚伯拉罕平原之战 (bataille des plaines d'Abraham)：魁北克落入英国人手中
- 根据《巴黎条约》(1763 年)，西班牙将佛罗里达和密西西比河地区的领地割让给英国
- 颁布《糖税法案》
- 马萨诸塞和弗吉尼亚发生暴乱反对 1765 年颁布的《印花税法案》

公元 1771 年—公元 1785 年

- 波士顿倾茶事件
- 《美国独立宣言》
- 西班牙移殖民建立洛杉矶
- 新西班牙总督辖区爆发公社起义
- 在秘鲁总督辖区，西班牙殖民当局镇压图帕克·阿马鲁二世起义

文化成就：

- 托马斯·潘恩出版《常识》

公元 1786 年—公元 1800 年

- 乔治·华盛顿成为美国第一任总统
- 为解决太平洋西北沿岸的领土争端，西班牙和英国签署了《努特卡公约》(*le convention de Nootka*)
- 新西班牙总督辖区爆发反对西班牙殖民统治的“弯刀阴谋”(Conspiration des machetes)
- 沙皇俄国占领阿拉斯加

公元 1751 年—公元 1770 年

- 非洲　布尔人 (Bœr) 向非洲南部迁移扩张
- 埃塞俄比亚 (Éthiopie)：政局混乱的“王子时代”(l'Ère des princes ou des juges，或“审判者时代”) 开始
- 亚洲　中国清朝与缅甸贡榜王朝 (dynastie Konbaung) 爆发战争
- 大洋洲　塞缪尔·瓦利斯发现塔希提岛。詹姆斯·库克的第一次航海探险

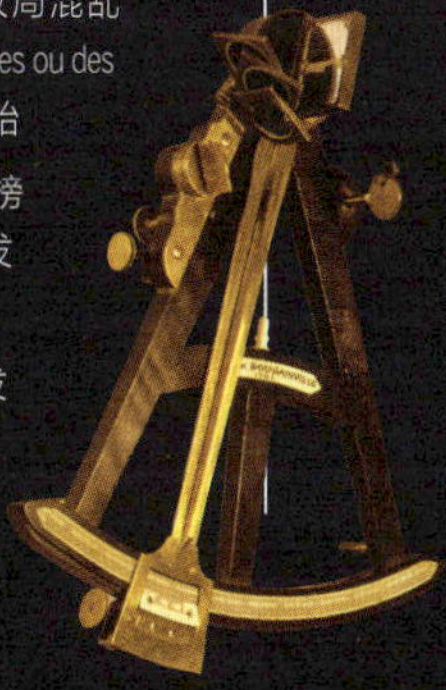

公元 1771 年—公元 1785 年

- 非洲　在非洲南部的布尔人对科萨人 (Xhosas) 进行屠杀
- 查理三世军队入侵阿尔及利亚计划失败
- 亚洲　英国控制印度次大陆
- 英国为征服印度马拉塔联盟发动第一次战争 (guerre anglo-marathe)
- 大洋洲　詹姆斯·库克第二次和第三次航海探险

公元 1786 年—公元 1800 年

非洲　蒙戈·帕克 (Mungo Park) 探索尼日尔河 (fleuve Niger)

- 英国占领荷兰殖民地开普敦
- 拿破仑远征埃及和叙利亚
- 亚洲　韦尔斯利侯爵征服南印度
- 荷兰东印度公司倒闭后，荷兰控制印度尼西亚
- 中国白莲教起义 (révolte du Lotus blanc)
- 越南西山阮朝 (Dynastie Tây Son au Viêt-nam)

王朝年表

法国

国王

路易十四	1643—1715年
路易十五	1715—1774年
路易十六	1774—1792年
公共安全委员会	1793—1795年
督政府	1795—1799年

英国

国王

威廉三世	1689—1702年
安妮·斯图尔特	1702—1714年
乔治一世	1714—1727年
乔治二世	1727—1760年
乔治三世	1760—1800年

首相

查尔斯·蒙塔古	1714—1715年
查尔斯·霍华德	1715年
罗伯特·沃波尔	1715—1717年
詹姆斯·斯坦霍普	1717—1718年
查尔斯·斯宾塞	1718—1721年
罗伯特·沃波尔	1721—1742年
斯潘塞·康普敦	1742—1743年
亨利·佩尔汉姆	1743—1754年
托马斯·佩勒姆·霍利斯	1754—1756年
威廉·卡文迪什	1756—1757年
托马斯·佩勒姆·霍利斯	1757—1762年
约翰·斯图亚特	1762—1763年
乔治·格伦维尔	1763—1765年
查尔斯·沃森·文特沃斯	1765—1766年
老威廉·皮特	1766—1768年
奥古斯都·亨利·菲茨罗伊	1768—1770年
腓特烈·诺斯	1770—1782年
查尔斯·沃森·文特沃斯	1782年
威廉·佩蒂·菲兹莫里斯	1782—1783年
威廉·卡文迪许·本廷克	1783年
小威廉·皮特	1783—1801年

西班牙

菲利普五世	1700—1724年
路易一世	1724年（1—8月）
菲利普五世	1724—1746年
斐迪南六世	1746—1759年
查理三世	1759—1788年
查理四世	1788—1808年

神圣罗马帝国

利奥波德一世	1658—1705年
约瑟夫一世	1705—1711年
查理六世	1711—1740年
查理七世	1742—1745年
玛丽娅·特蕾莎	1745—1780年
弗朗索瓦一世，与玛丽娅·特蕾莎共同执政	1745—1765年
约瑟夫二世，与玛丽娅·特蕾莎共同执政至1780年	1765—1790年
利奥波德二世	1790—1792年
弗朗索瓦二世	1792—1806年

俄国

彼得一世	1682—1725年
叶卡捷琳娜一世	1725—1727年
彼得二世	1727—1730年
安娜·伊凡诺芙娜	1730—1740年
伊凡六世	1740—1741年
伊丽莎白·彼得罗芙娜	1741—1762年
彼得三世	1762年
叶卡捷琳娜二世	1762—1796年
保罗·彼得罗维奇，保罗一世	1796—1801年

波兰

奥古斯特二世	1697—1706年
斯坦尼斯拉斯·莱什琴斯基，斯坦尼斯拉斯一世	1704—1709年
奥古斯特二世	1709—1733年
斯坦尼斯拉斯·莱什琴斯基，斯坦尼斯拉斯一世	1733—1734年
奥古斯特三世	1734—1763年
斯坦尼斯拉斯·奥古斯特·波尼亚托夫斯基，斯坦尼斯拉斯二世	1764—1795年

瑞典

查理十二世	1697—1718年
乌尔丽卡·埃利诺拉	1718—1720年
弗雷德里克一世	1720—1751年
阿道夫·弗里德里希	1751—1771年
古斯塔夫三世	1771—1792年
古斯塔夫·阿道夫，古斯塔夫四世	1792—1809年

丹麦

弗里德里希四世	1699—1730年
克里斯蒂安六世	1730—1746年

弗里德里希五世	1746—1766年
克里斯蒂安七世	1766—1808年

葡萄牙

皮埃尔二世	1683—1706年
若昂五世	1707—1750年
约瑟夫一世	1750—1777年
布拉干萨的玛利亚一世，与皮埃尔三世共同执政至1786年	1777—1816年

皮埃蒙特-萨丁尼亚王国

维托里奥·阿梅迪奥二世	1720—1730年
查理·埃马努埃莱三世	1730—1773年
维托里奥·阿梅迪奥三世	1773—1796年
卡洛·埃马努埃莱四世	1796—1802年

那不勒斯和西西里岛

那不勒斯国王

查理七世	1735—1759年
斐迪南四世	1759—1799年
帕特诺珀共和国	1799年
斐迪南四世	1799—1806年

西西里岛国王

查理五世	1735—1759年
斐迪南三世	1759—1816年

普鲁士

弗里德里希一世	1701—1713年
弗里德里希·纪尧姆一世，称“军曹国王”	1713—1740年
弗里德里希二世，腓特烈大帝	1740—1786年
弗里德里希·纪尧姆二世	1786—1797年
弗里德里希·纪尧姆三世	1797—1840年

土耳其奥斯曼帝国

穆斯塔法二世	1695—1703年
艾哈迈德三世	1703—1730年
马哈茂德一世	1730—1754年
奥斯曼三世	1754—1757年
穆斯塔法三世	1757—1774年
阿卜杜勒·哈米德一世	1774—1789年
塞利姆三世	1789—1807年

美国

总统

乔治·华盛顿	1789—1797年
约翰·亚当斯	1797—1801年

新西班牙总督

胡安·德·奥尔特加-伊蒙塔内斯	1701—1702年
弗朗西斯科·费尔南德斯·德拉奎瓦	1702—1710年
费尔南多·德·阿伦卡斯特雷·诺罗尼亚-席尔瓦	1710—1716年
巴尔塔萨·祖尼加-古兹曼	1716—1722年
胡安·德阿库伊-贝哈拉诺	1722—1734年
胡安·安东尼奥·维扎伦-埃吉亚雷塔	1734—1740年
佩德罗·德卡斯特罗·菲格罗亚-萨拉萨尔	1740—1741年
佩德罗·德塞布里安-奥古斯丁	1742—1746年
胡安·弗朗西斯科·德古埃梅斯-霍卡西塔斯	1746—1755年
阿古斯丁·德阿胡马达-维拉隆	1755—1760年
弗朗西斯科·卡吉加尔·德拉维加	1760年
华金·胡安·德蒙特塞拉特-克鲁伊尔	1760—1766年
卡洛斯·弗朗西斯科·德克鲁瓦	1766—1771年
安东尼奥·马里亚·德布卡雷利-伊格纳西奥	1771—1779年
马丁·德马约加-费勒	1779—1783年
马蒂亚斯·德加尔维斯-加拉多	1783—1784年
贝尔纳多·德加尔维斯-马德里	1785—1786年
阿隆索·努涅斯·德哈罗	1787年
曼努埃尔·安东尼奥·弗洛雷斯·马尔多纳多	1787—1789年
胡安·维森特·德古埃姆斯	1789—1794年
米格尔·德拉格鲁瓦·塔拉曼卡	1794—1798年
米格尔·何塞·德阿赞萨	1798—1800年

秘鲁总督

胡安·佩纳洛萨-贝纳维德斯	1705—1707年
曼努埃尔·德奥姆斯-德·圣保罗	1707—1710年
米格尔·努涅斯·德萨纳布里亚	1710年
迭戈·拉德隆·德格瓦拉	1710—1716年
马特奥·德拉马塞尔·庞塞·德利昂	1716年
迭戈·莫尔西洛·卢比奥·德奥尼翁	1716年
卡迈·尼科劳·卡拉乔洛	1716—1720年
迭戈·莫尔西洛·卢比奥·德奥尼翁	1720—1724年
何塞·德阿曼达里斯-佩鲁雷纳	1724—1736年
何塞·安东尼奥·德门多萨·卡马诺	1736—1745年
何塞·安东尼奥·曼索·德维拉斯科	1745—1761年
曼努埃尔·德阿马特-朱尼特	1761—1776年
曼努埃尔·德吉里奥尔	1776—1780年
阿古斯丁·德雅鲁吉-阿尔德柯	1780—1784年
西奥多·德克鲁瓦	1784—1790年
弗朗西斯科·吉尔·德塔沃阿达	1790—1796年
安布罗休·奥希金斯	1796—1801年

NATIONAL GEOGRAPHIC

图书在版编目（CIP）数据

启蒙运动 / 美国国家地理学会编著 ; 陈凌娟译. -- 北京 : 现代出版社, 2022.8

（美国国家地理全球史）

ISBN 978-7-5143-7458-2

Ⅰ. ①启… Ⅱ. ①美… ②陈… Ⅲ. ①启蒙运动－研究 Ⅳ. ①K565.3

中国版本图书馆CIP数据核字（2022）第115865号

版权登记号：01-2022-2692

由北京久久梦城文化发展有限公司代理引进

启蒙运动（美国国家地理全球史）

编 著 者：美国国家地理学会

译　　者：陈凌娟

策划编辑：吴良柱

责任编辑：张　霆　袁子茵

内文排版：北京锦创佳业文化传播有限公司

出版发行：现代出版社

通信地址：北京市安定门外安华里504 号

邮政编码：100011

电　　话：010-64267325　64245264（兼传真）

网　　址：www.1980xd.com

印　　刷：北京瑞禾彩色印刷有限公司

开　　本：710mm*1000mm 1/16

印　　张：14.5　　字　　数：216千

版　　次：2022年8月第1版　　印　　次：2022年8月第1次印刷

书　　号：ISBN 978-7-5143-7458-2

定　　价：79.80元